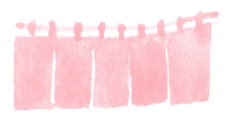

読む寿司

オイシイ話108ネタ

河原一久

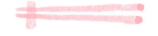

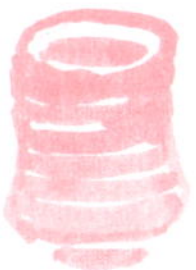

文藝春秋

[P134, 158] 歌川国芳が描いた連作浮世絵「縞揃女弁慶」の中の1つ。「をさな子も ねだる安宅の 松か鮓 あふぎづけなる 袖にすがりて」という狂歌は、「松が鮓」の人気を詠んだものだが、店があった深川の「安宅」（あたけ）と能の「安宅」（あたか）をかけている。

2

1

3

1 [P48] 銀座「二葉鮨」。屋台
店を模した出窓が寿司好きたち
の興味を引く。のれんの「握」の
一文字はこの店の象徴でもある
フレンチの巨匠、アラン・デュカ
ス氏も来日時はよく訪れるという
2 扇形に広がる珍しいつけ台。
客が帰宅時に電車に乗り遅れ
ないよう、店の柱時計の針を常
に10分進めてある。**3** [P48]「二
葉鮨」三代目・小西三千三さん
（中央）と、昭和天皇、香淳皇
后の貴重な記念写真。

4 [P213] 九代目・坂東三津五郎御用達だった「鉄火重」。市松模様に敷き詰められた赤身とトロが美しい。**5** [P212] 三代目・三千三と親交のあった歌舞伎スターたちが店に寄贈した暖簾。歌舞伎座と二葉鮨がいかに特別な関係にあったかがうかがえる一品だ。

4

5

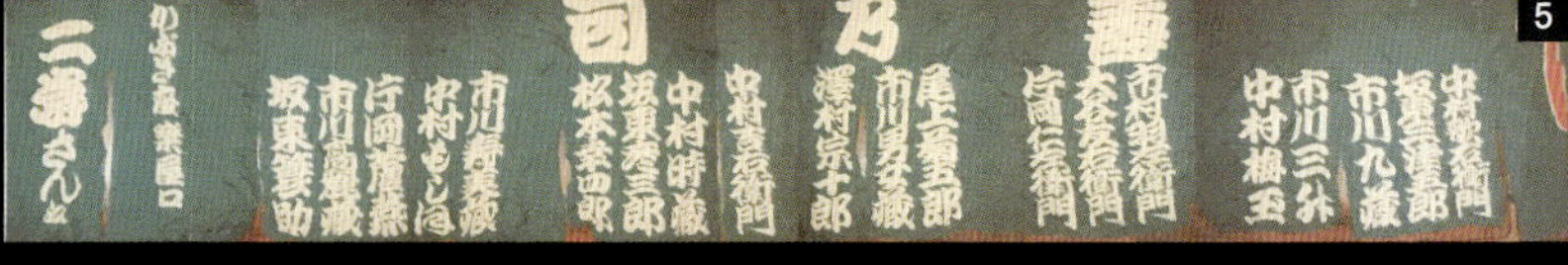

[P242] 人形町の老舗「㐂寿司」では、「手綱巻」才巻エビの「唐子づけ」「イカの印籠詰」といった、今では珍しい江戸前の技法が楽しめる。ゆで卵を使った「ひよっこ」も楽しい。

1［P56］天保10年（1839）創業で、現在も横浜市関内で営業中の稲荷寿司専門店「泉平」。**2** 江戸時代の稲荷寿司は細長いものを包丁で切り売りしていたのだが、その当時の形を今に残している。**3**［P57］嘉永5年（1852）当時のさまざまな商売の様子を描いた『近世商賈尽狂歌合』。稲荷寿司の値段や販売形態をうかがい知ることができる。

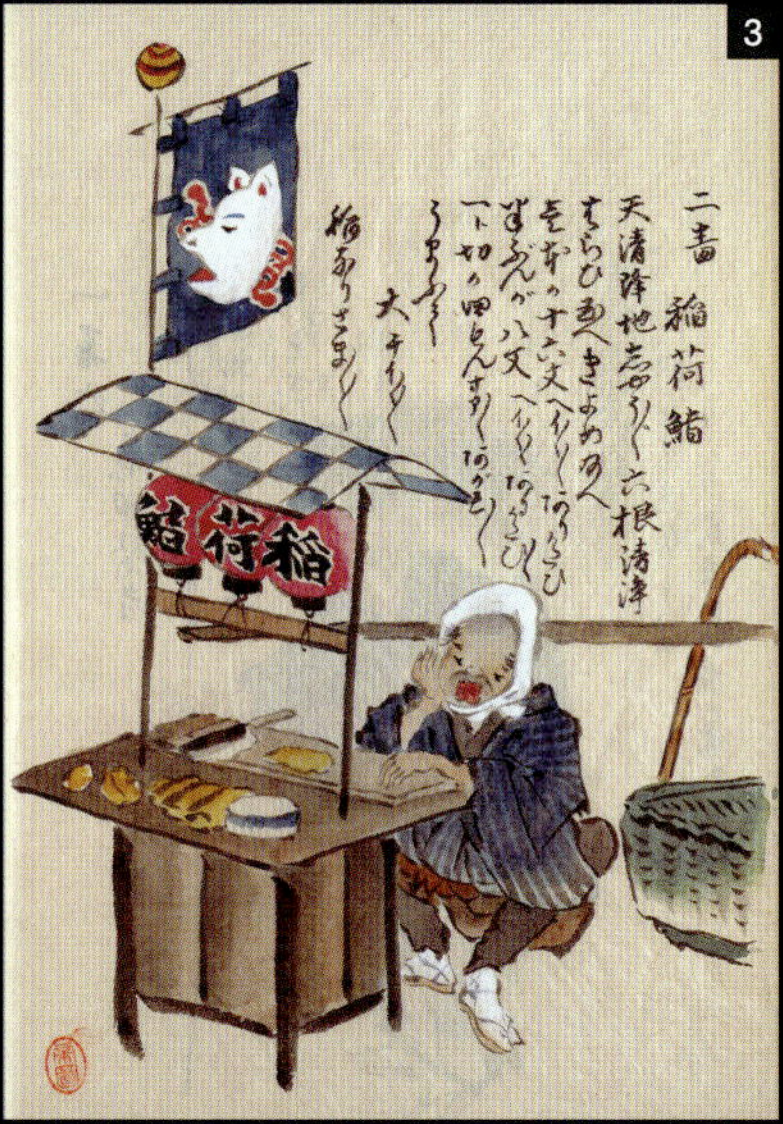

［P134］創業300年以上を誇る「江戸三鮨」の1つ「笹巻けぬきすし総本店」。持ち帰りが主だが、神田小川町の店舗では食事もできる。笹が巻かれた状態（右）と、はずした状態（左）。

1［P248］閉場前日の築地場内・魚がし横丁の様子。移転先の豊洲は広くきれいになったが、この雑多な雰囲気に風情を感じていた人も多かった。2［P249］築地場外市場の寿司店「つきぢ神楽寿司」。創業当時の姿そのままの屋台店は、本店に隣接する形で現在も営業中。1カンからでも注文できる気安さも魅力だ。3［P214］身の細さから、細工物の素材としてもよく使われるサヨリ。右から「片身づけ」「網代」「わらび」（晶／豊洲市場内）。

1［P146］西麻布の閑静な住宅街に佇む「寿司勇」。筆者の目が寿司文化そのものに向くきっかけにもなったのが、店主の島崎大輔さんの握る寿司、そしてその哲学だった。大輔さんが英語、ロシア語に堪能なこともあり、外国人客も多い。2 江戸前寿司の代表選手コハダ。皮目が美しいが、これが苦手という人もいる。そんな人のために表裏を逆にして握ることもできる（3）。上に昆布をのせて握ってある。4 ウニはかつては鮮度の問題で「握れないネタ」として知られてきた。そこから軍艦巻誕生へとつながっていったのだが、現在では握ることも可能なほど鮮度を保つことができるようになった。もちろん握る職人の腕も必要だが。

1 赤身、2 中トロ、3 大トロ、4 カマトロの炙り。マグロは脂が少ないものから順番に提供されるのが一般的な流れ。最後の大トロなどのあとでは、脂を流す意味でコハダやカイワレ、漬物などさっぱりしたネタが出されるケースが多い。

1［P154］大阪に店舗を展開する「じねん」の名物「うなぎバター（手前）」。店の一番人気である「紅とろ」（奥）とともに病みつきになる味だ。2［P194］「握り」ならぬ「つかみ寿司」は、大阪「中央市場 ゑんどう寿司」の名物。1皿5カンを基本に、1枚、もう1枚と注文していく。ネタは毎回違うものが出される趣向だ。3［P234］大阪北新地にある「胡瓜巻」発祥の店が「甚五郎」。その店先にある碑には、「元祖起う里満き」と彫られている。

1［P100］両国の「政五ずし」（現在は閉店）で再現していた、江戸当時の大きな握り。左端のマグロと穴子が再現したもの。となりにある通常のハマグリやカスゴと比べると大きさの違いがよくわかる。
2［P216］寿司職人の紹介所「三長会」が初めて海外に職人を派遣したのは昭和42年(1967)暮れ。第九次南極越冬隊の一員として参加した小堺秀男さん(中央)はなんとあの人のお父さんだった！
3［P92］昭和初期に、日魯漁業（現・マルハニチロ）が商品化した缶入りの「日魯のイクラ」のラベル。

読む寿司

オイシイ話108ネタ

河原一久

文藝春秋

はじめに

日本人にとって「寿司」という食べ物は特別なものだ。

もともとは大衆食として屋台が主だった寿司も、第二次大戦後は、祝いごとなど特別な機会に奮発して食べるものとなった。その価値観は基本的には今も変わらないだろう。「日本の大衆的な美味しい食べ物」という認識の外国人と捉え方が異なるのは、まさにこの点かもしれない。

寿司が「特別」になった一番の理由は、寿司が高価だったことで間違いない。「より安価に楽しめる寿司」として回転寿司が誕生した理由もそこにあるだろうし、やがて「日常的な寿司」である「回転寿司」と、「特別な寿司」と身構えてしまう「廻らない寿司」との間には乖離が生まれていくことに。

結果、いつの間にか、「廻らない寿司」は多くの日本人にとって未知の存在となってしまった。現在でも、寿司に関するハウツー的情報が頻繁にメディアで取り上げられていることも、その証しだと思う。

個人的にも、寿司は知らぬ間に「よくわからない存在」になっていたのだが、なぜそうなったかを知るために、自分自身の経験を振り返ってみた。

生前、父はよく母と夫婦喧嘩をしていたが、特に大きな言い争いをした時などは、僕を連れてプイッと出かけてしまうことがあった。こういう場合、父は僕のご機嫌をとろうとした。何か「物理的な接待」を受けた機会は2回しかなかったのだが、4歳の時にミニカーを買ってもらい、8歳の時には寿司をご馳走してもらった。テーブル席で1人前の握り（サビ抜き）を食べたことを覚えている。

父が何かを買ってくれることなど滅多になかったから、この「寿司を食べる」という行為が「特別なこと」なのだということは、この8歳時に学んだと思う。1人前だったが、実際に食べたのはマグロ、鉄火巻、カッパ巻、玉子だけだった。残りのなじみのないネタは、「なんかいやだ」と言って残し、それを父が笑いながら食べていた。

翌年、父はクモ膜下出血で倒れこの世を去った。その後、母は僕と弟を連れて、父の実母が住む鎌倉に引っ越し、義母の世話をしながら働くという生活を始めた。やがて母は東京へ職場を移し秘書の仕事を始めたが、それによって僕ら兄弟の夕飯の時間は母の帰宅を待つため、夜の11時頃になった。ごくたまに上等な寿司折を土産に持ち帰ることもあり、そのたびにネタの説明を聞きながら、寿司屋という「特殊な空間」についても教えてもらったものだった。

中学生になった頃、母は僕を「後学のために」という理由で、銀座の寿司屋に連れていってくれた。これが初めての「カウンター体験」だった。その後、社会人になってから寿司を食べる機会はあったものの、自腹で食べる時はもっぱら回転寿司。そしていつしか僕にとって寿司は「ハレ」の食べ物ではなく、日常的にコンビニでも買える「ケ」の食べ物になっていた。

数年前、ヨーロッパから訪日した友人夫妻の「本格的な寿司を食べてみたい」というリクエストに応えるため、西麻布の「寿司勇」に案内した。仕事のつきあいなどで訪れた寿司店の中で、もっとも信頼していた店だった。そして……。

友人夫妻は感動のあまり涙を流していた。自分の国で食べてきた寿司とまったくレベルの違うものに出会ったショックが涙の理由だった。そして僕自身は彼らの涙にショックを受けていた。その感動は、寿司をたんなる食事の1つとしてではなく、寿司という文化も含めてまっすぐに向き合うことで得たものだったからだ。

そこから寿司に関するあらゆることについて調べ始めた。好奇心もあったが、寿司について説明を聞きたがる海外の友人たちに、実は何も説明できない自分に気づいたからでもあった。だから本書は、いわゆる「ガイドブック」の類ではない。ただ寿司に関して個人的に知りえたこと、面白いと感じたエピソードなどをまとめたものだ。それによって人々が寿司屋における「特別な時間」に思いを馳せることができたならば幸いに思う。

もくじ

読む寿司

オイシイ話108ネタ

001

誕生200年で寿司文化は世界とどう関わっていくのか

そば、天ぷら、ウナギと並んで江戸の四大大衆食として知られる「寿司」は、その歴史をさかのぼると奈良時代にまで辿ることができる。アジアから日本へ渡来した保存食としての「熟《な》れ鮓《ずし》」は、時の経過と酢の登場によってやがて「箱寿司」や「押し寿司」へと進化し、発酵時間もまた数か月から数日、そして一夜漬けへと短縮していった。

これが「握り寿司」へと進化したのは江戸時代末期の文政年間（1818〜30）で、華屋與兵衛《はなやよへえ》が店を構えた文政7年がほぼ正確な成立時期だと考えていいだろう。

さて、そうなると来たる2024年で、握り寿司は誕生200年を迎えることになる。今や世界じゅうに普及したと言える「SUSHI」だが、実際には海外の人たちがようやく「自国で食べたSUSHIと日本で食べるSUSHIは次元が違う」ということに気づきつつある状況だ。

では今後、寿司文化はどのようになっていくのだろうか。

今や寿司職人たちの活躍の場は日本にとどまらない。海外で江戸前寿司の本質を伝えようとする人、各国の地魚に江戸前の仕事を施し、現地の人々に新たな江戸前寿司の可能性を広げてみせる人などがいる一方で、外国人で寿司職人を目指す人が男女を問わず飛躍的に増えた。

彼らは地元の寿司屋で修業をしたり、あるいは本場の味と技法を求めて来日し、厳しい修業に耐えて自国にその技術を持ち帰ろうとするなど、今や寿司をめぐる文化的広がりは真の意味でグローバルなものになっている。

２０１３年12月、ユネスコの無形文化遺産に「和食」が選ばれた。農林水産省は、その和食の４つの特徴の第一として、「多様で新鮮な食材とその持ち味の尊重」を挙げている。握り寿司の約２００年の歴史が「食材の保存との闘い」でもあったことを考えると隔世の感があるが、今こそ日本の寿司業界が音頭をとって、世界規模の寿司サミットを開催して頂きたいと切に願う。

世界的な本マグロの減少問題をはじめ、今、寿司に関して地球規模で議論すべきことは多い。だからこそ、世界じゅうの寿司職人による情報交換や各国のオリジナル寿司の紹介、そして日本の伝説的寿司職人たちによる講演や実演などを通じて、「ＳＵＳＨＩ」のさらなる発展を夢みる次第なのである。

〇〇二

江戸末期のグルメブームが握り寿司誕生の背景にあった

華屋與兵衛が文政年間になって握り寿司を完成させたことはP24に述べた。その與兵衛は流行に聡い人物で、彼が「早鮓」（P58）を改良しようと思い立った背景には当時のグルメブームがあったと思われる。当時は江戸時代最後の文化隆盛期でもあり、食文化、特に大衆食に大きな変革があったのだ。それは画期的な食器「丼」によってもたらされた。

江戸遺跡の研究家・寺島孝一氏の著書『アスファルトの下の江戸』によると、器としての「丼」は江戸時代にはもともと存在したが、現在のような1人前の料理を盛る器としての使われ方は18世紀の後半になってからなのだそうだ。蒸籠から大平、皿盛りを経てまた蒸籠へと戻っていったそばの器は、延享・寛延年間（1740年代）に丼に盛る形もできたらしい。寛延4年（1751）の『蕎麦全書』には、江戸の新材木町の「信濃屋」という蕎麦屋が労働者向けに立ち食いしやすく工夫し、

丼に蕎麦を入れて汁をかけ、「ぶっかけ蕎麦」として売り出したとある。それが、寛政元年（1789）頃には「かけ蕎麦」と呼ばれるようになり、温かいつゆなら夜の屋台でも暖が取れるということで人気を博した。

明和年間（1764〜72）には天ぷらの屋台が急増し、享和年間（1801〜04）には高級天ぷらを日本橋の屋台で出した吉兵衛の店が人気を集めた。天ぷら屋台の客たちは隣の蕎麦屋台でかけ蕎麦を買ってきて天ぷらを乗せたことから、「天ぷら蕎麦」も誕生したらしい。

ウナギの蒲焼は天明の始め（1780年頃）には現在のような形で売られ始めたそうだが、当時は飯は客が持参していた。これに丼を組み合わせて「うな丼」を発明したのは何者なのか。慶応元年（1865）刊の『俗事百工起源』には、このように記載されている。「うなぎ飯の始は文化年中、堺町芝居金主大久保今助より始る」。大のウナギ好きだった大久保今助が、毎度の食事に芝居小屋に届けさせていたのだが、冷めないように丼に飯を盛り、そこにウナギを乗せてフタをして持ってこさせたところ、「至って風味よろしとて、皆人同じく用いしが始なり」（同書）となったというのが、江戸市中にうな丼が広まった経緯だという。

とまあ、握り寿司誕生直前の江戸の食生活には、なかなか劇的な変革が訪れていたことがわかる。時代は「より簡易に、より美味しく」を求めていたのである。

〇〇三

「江戸前」という言葉はウナギの産地から、技法、哲学へ

握り寿司のことは別名・江戸前寿司とも呼ぶが、この「江戸前」という言葉をめぐってはこれまでさまざまな説明がなされ、また誤解も生んでいるように思える。そもそも江戸前という言葉は、16世紀末ごろには「江戸城の前の入江」を指し、そこで獲れたウナギを称して「江戸前のウナギ」と呼んだ。実際、明治になっても広告では「江戸前」と書かれていれば鰻屋のことだった。

築城とともに江戸城前は埋め立てられたが、隅田川や荒川などの川が流れ込む江戸湾には多くの栄養分が含まれ、それを求めて多くの魚介類が棲息した。そこで江戸湾で獲れる魚介類の産地として「江戸前」という言葉の意味は拡大していく。江戸湾産ではない「江戸のうしろ」や地方産のものは「旅のもの」「場違い」などと呼ばれて区別された。

寿司はもともと保存食として始まったものだが、握り寿司が誕生した文政の頃で

も寿司ネタを長持ちさせることは最優先課題だった。そこでコハダやアジといった光り物は酢締めをし、白身魚は酢締めの他、昆布締めや醤油漬けにして食品としての鮮度を保った。マグロもまた醤油漬けにされヅケと呼ばれるようになったことは有名である。酢締めにすると酸味がきつくなり過ぎることもあり、その場合はネタとシャリの間におぼろをかませ、その甘味で中和したりしていた。

こうした保存のための工夫は冷蔵庫の登場によって劇的に変化する。「刺身」が料理の1ジャンルとなっていることからもわかるように、新鮮な魚はそれだけでも商品価値が上がるものだ。そこで保存のための手段としてネタに施されてきた数々の「仕事」は、氷の冷蔵庫から電気冷蔵庫への発展、道路整備や輸送システムの確立とともに徐々に廃れ始めていく。80年代のバブル期にはついに江戸前の仕事とは無縁になった寿司が隆盛となる。

四谷「すし匠」の初代親方、中澤圭二さんはこうした寿司を「刺身寿司」「海鮮寿司」と呼んで江戸前寿司と区別している。その後バブル崩壊によって寿司の世界にも変革が起きるが、それは同時期にピークを迎えたグルメブームの後押しもあり、主として寿司職人による「仕事」への価値が再認識され始めたのである。結果、昔ながらの「仕事」に対する姿勢は、江戸前寿司を握る上での哲学にまで昇華され、さらなる発展の原動力となっていった。

〇〇四

江戸時代、マグロは「猫またぎ」と呼ばれる不人気な下魚だった

「いったい寿司のウマイマズイはなんとしても魚介原料の問題で、第一に素晴らしいまぐろが加わらなければ寿司を構成しない」

食通で知られた文化人、北大路魯山人は、随筆『握り寿司の名人』でそう断言する。彼の言葉に頼らなくとも、江戸前寿司、いや、世界じゅうの寿司文化において絶対的な主役の座に君臨している寿司ネタがマグロであることは疑いない事実だろう。そして寿司の歴史を語る上では必ずと言っていいほど、「昔はマグロなんて下魚でね、下等な食べ物と言われていたんだ。特に大トロなんて誰も食べないから捨てていたくらいだ」なんて話がよく引き合いに出される。

捨てていたかはともかく、マグロの位置付けについては事実だった。文政年間に誕生した握り寿司は、コハダ、穴子、赤貝、車海老、ヤリイカの印籠、白魚といったラインナップでスタートした。江戸文化研究家として知られる三田村鳶魚による

と、握り寿司が生まれる少し前の文化7年及び8年（1810と11）に、伊豆・相模方面でマグロが大量発生したらしい。1日あたり1万尾だったというから大変な量だ。あまりにもたくさん獲れたのでさまざまな形で流通し、人々の食生活の中にも浸透していったそうだが、なにせ量があるものだから値段も安く、それでも余ってしまったので肥料にした。

のちに文政となり、さらに改元後の天保3年（1832）にもマグロが大量発生した。この時は体長1メートル弱のものの相場が200文だったというから、うな丼一人前程度の値段だ。そして今度は肥料にしても使いきれないほどたくさん獲れてしまった。「あまりに下等な魚で猫も食べずに避けて通る」という意味で「猫またぎ」と揶揄されたのもこの頃のことのようだ。

しかしせっかく食べられるものがそのまま腐っていくのを見ているだけというのももったいない。そこで一番いいところだけを選りすぐって寿司にしてみよう、ということになったという。

本来、寿司は保存食から派生したものでもあり、当時は冷蔵技術が乏しかったためネタを酢で締めたのだが、マグロの場合、酢に漬けると真白に変色してしまって見た目が悪くなってしまった。そこで苦肉の策としてマグロの柵を湯引きしてそれを醤油に漬け込むという方法が編み出された。これが今の「ヅケ」である。

〇〇五

「鮓・鮨・寿司」漢字の違い面白い説あれこれ

16世紀のフランスには「回復させる食事」という意味の「レストラン」と呼ばれる料理があった。今で言うスープのようなもので、栄養たっぷりなものだったそうだ。やがて店の看板にも「Restaurant」と商品名を掲げる店も出てきた。「そば」とか「とんかつ」とだけ書く店のように、「レストランやってます」という意味だ。のちにこの言葉は飲食店そのものを指す言葉になっていった。もちろん諸説あるが、言葉のルーツとして面白い話だと思う。

　これと似たような例が、実は寿司の世界にもある。江戸前寿司に使われることが多い「鮨」という文字だ。『すし通』（永瀬牙之輔）にはこうある。

「鮨という字は支那で魚醤（しおから）の意味に用いられた例もあるが、元来魚の名であって、鮪の一種を指して鮨といっているが、それは日本の『しび』鮪に相当している。（中略）天保になって馬喰町の恵比寿ずしが初めてその種に鮪を使って

から、後いつとはなしに鮓が鮨の字に変わってしまった」

シビマグロといえば本マグロのことだ。江戸末期から明治にかけて寿司ネタとしてのマグロの存在は賛否両論だった。だから店によっては断固として扱わない店もあったし、逆に扱っていた店はその旨、客にわかりやすく宣伝していたであろう。「マグロ、扱っております」といった具合だ。その際に「鮨」という字を使い、それがのちに「すし」の意味を持ち始めたというわけだ。

当時、下魚とさげすまれたマグロを売り出す目的で、「鮪」ではなく「魚へんに旨い」と書く「鮨」という古い漢字を使った店側の心理はよくわかる。「鮨」の字はもっとずっと以前から「すし」という言葉として使われていたので、『すし通』の説は眉に唾をつけて受け止めるべきだが、面白い説であることは間違いない。

さて、「鮨」以前は「鮓」の字が使われていたが、西日本では現在でも「鮓」の字を使い続けている店が多い。その理由は昔からマグロや赤身魚ではなく、白身や光り物を使うことが多かったという実情や、江戸に対する対抗意識があったという背景があるようだ。この「鮓」の字とその歴史的背景は、『鮓・鮨・すし―すしの事典』（吉野曻雄）が圧倒的に詳しいので、興味ある方は読んでみてほしい。

「寿司」については見ての通り、「寿」を使った縁起いい当て字で、江戸末期にはすでに使われ始め、明治以降に急速に広まっていったのだそうだ。

〇〇六

シメサバの「バッテラ」はポルトガル語で「小舟」

「自分の都合のいいように物の数を多め（または少なめ）に言う」ことを、「サバを読む」というが、これはもちろん魚のサバが由来だ。

サバは通年で大量に獲れる魚だが、光り物の常で鮮度の落ちが早い。そこで取引の際、業者は見た目で大雑把な数を申告したところからこの慣用句が生まれたという。輸送中に鮮度が落ちて使い物にならなくなるサバも見越して多めに数えたという説もある。まあ少なめに数えたらトラブルになること間違いなしなので、「多めに数えた」という説で正しいのだろう。

基本的に寿司屋で出されるサバはマサバ（真鯖）で、秋口から流通し、冬に旬を迎える。しかし、春から夏の間は脂もなく身も細く味が落ちるため、寿司ネタとしては敬遠される。その間、ちょうどマサバが退場している間にゴマサバが旬を迎えるので、最近では、マサバとゴマサバが交代でサバの最前線を守っている様相だ。

鮮度が落ちるのが早いため酢締めにし、「シメサバ」として握られることが多い。また押し寿司、棒寿司などでもサバは使われるが、よく知られているものにシメサバの押し寿司の一種である「バッテラ」がある。これはポルトガル語で「小舟」を意味する「バッテーラ」が由来だ。

明治24年（1891）、大阪・順慶町井戸の辻にあった「寿司常」の初代・中恒吉さんが考案したもので、そもそもは当時、大阪湾で大量に獲れたコノシロを使ったものだった。『続・浪華夜ばなし』（篠崎昌美）にはこうある。

「そのころから水上警察署が市内の各河川をパトロールするため短艇（バッテーラ）を運航せしめた。その形が押しずしによく似ていたので、世人はバッテーラずしとして評判となり、そのうちにコノシロのかわりに鯖を利用、現在では鯖ずしと称されているが、まだバッテーラの名も残されている」

こうしてサバの押し寿司の一種としてバッテラは普及していったが、現在では押しやすいという理由で、箱型のバッテラが広く普及している。

元祖である「寿司常」は戦後、天満宮に移転し、一度は閉店したものの2016年に復活。舟形の押し型も復活させ、シャリも試行錯誤の末に昔ながらの味の再現に成功。「バッテーラ」の名も継承して今も味わうことができる。三代目・中恒次さんが考案した「活けあじの棒寿司」も、「バッテーラ」と並ぶ名物だ。

〇〇七

ファミレス〃華屋与兵衛〃は握り寿司考案者の名前だった

握り寿司の始祖とされる人物は「華屋與兵衛」だ。同名のファミレスチェーンがあるが、これは彼の名前にちなんだだけで、直接には関係ない。本名を小泉與兵衛。彼が興した握り寿司の店は「與兵衛ずし」と呼ばれたが、店の屋号自体は「花屋」（華屋とも書く）。「與兵衛」ものちには「与兵衛」とも表記されるようになった。

この與兵衛の来歴については、『すし物語』（宮尾しげを）が詳しい。

それによると與兵衛は、寛政11年（１７９９）に、江戸は霊厳島（現在の中央区新川）に生まれたという。「父は藤兵衛、屋号を花屋という越前家の八百屋御用を勤めていた。九歳の時に浅草茅町の札差業坂倉屋清兵衛の雇人となって、一〇年間過失なく勤めた」と同書にあるから、のちの屋号である「花屋」はここに由来するのだろう。

10年間過失なく勤めたというが、道楽のほうは盛んだったようで、茶道に傾倒し、

流行の銀煙管を奉公中に用いて主人に叱られたというから、けっこうな遊び人であり流行に敏感だったわけだ。

奉公後は道具屋を開いたがしばらくして廃業し、今度は押し寿司ばかりだった中で「握り寿司」を考案したのだという。このあたりの事情は、與兵衛の孫にあたる文久子という人物が明治20年（1887）頃に書いた『またぬ青葉』に詳しく、握り寿司考案の動機を以下のように挙げている。

1　押し寿司は飯の量が多く下品。

2　作るのに3、4時間かかり、3日間作り置きしたものを販売する店もあった。

3　この製法の悠長さを與兵衛が嫌った。

4　さらに魚の脂が身から抜けて飯に移ることで魚本来の味が損なわれていた。

また、明治43年（1910）に與兵衛の曾孫にあたる小泉清三郎が記した『鮓のつけかた』には、先述の『またぬ青葉』からの引用のほかこのような記述も。

「與兵衛以前に之の法を企てた者も二三はありましたようではありますが皆失敗に帰して市人の嗜好に適さなかったようです」

與兵衛以前の開発者について言及をした上で、彼らは結局「握り寿司」というものを大成できなかったわけだから、考案者としての栄誉は與兵衛に与えられてしかるべきなのではないかと主張している。

〇〇八

外国人たちの寿司観を一変させた「二郎は鮨の夢を見る」

2011年に公開されたアメリカのドキュメンタリー映画「二郎は鮨の夢を見る」によって、少なくとも日本人以外の、世界の人々の寿司に対する認識は一変したことは間違いない。すでにミシュランガイドに掲載されたことによって小野二郎さんの「すきやばし次郎」には注目が集まっていたが、映像によるインパクトは書籍の比ではなく、世界じゅうの観光客が店に押し寄せた。2014年には来日したオバマ米大統領までもが日本政府にリクエストして訪問しており、やれ寿司を残しただの、全部食べただの、ちょっとした騒ぎにもなった。

映画で描かれていたのは、小野二郎さんの徹底した職人気質の哲学とその実践であり、世界的カリスマとなった二郎さんを2人の息子たち（特に本店を継いだ禎一さん）が継承できるのかも大きなテーマとなっていた。ミシュランで三ツ星を獲得することになった当時、実は二郎さんはほとんど握っておらず、つまりは息子の禎

一さんの実力によって星を獲得していたことが終盤で明らかになり、後者のテーマは劇的な形で決着がつく。

一方で世界中の観客を魅了したのは前者のパートだろう。長年の間、多くの外国人にとって、寿司とは「健康にいい日本の料理の1つ」という認識しかなかった。ところがそこにはまさにアーティストと評することができるほどストイックなこだわりと、最上級の〝作品〟へと昇華された料理の世界があったことを、映画は冒頭から明確に謳いあげる。

チャイコフスキーのヴァイオリン協奏曲による幕開けは、寿司職人がソリストであり指揮者であり、さまざまなネタでまとめ上げられた寿司の世界そのものがオーケストラによって奏でられる至上の音楽に比肩するものであることを示している。

メトロポリタンオペラの総裁を父に持つ監督のデヴィッド・ゲルブは、曾伯父のヤッシャ・ハイフェッツがソリストを務めた演奏を選んで使用することで、世の人々に「寿司を極めた世界は最上級の芸術にまで昇華されたものである」ということを示したのである。

今や、この映画をきっかけに寿司に夢中になった世界の人々が日本を訪れ、キラ星のごとく輝く数々の寿司店で歓喜の舌鼓を打っている。たとえ予約困難店に行けなくとも、彼らには新たな世界の扉が開かれたのである。1本の映画によって。

〇〇九

関東大震災で起きた物資不足が寿司ネタの幅を広げた

江戸時代末期に誕生した握り寿司も、明治末頃には屋台専門の大衆店、出前専門の高級店などへと発展していった。しかし、大正12年（1923）に起きた関東大震災によって南関東は壊滅的被害を受け、生き延びた寿司職人の多くが職を求めて地方へと移っていく。この時、全国へ散った職人たちによって江戸前寿司が全国的に普及する下地がつくられることになった。

一方で復興を目指し、江戸前寿司の火を灯し続けた職人たちもいた。そうした彼らの悩みの種の1つが、物流の停滞による物資不足で、思うように揃わない食材の代わりに、新たな寿司ネタの開発が喫緊の課題になったそうだ。

寿司ネタの種類がさらに必要になった理由は他にもある。震災後、徐々に復興してきた町には、職を求めた料理人たちが全国からやってきていた。特に、関西料理の浸透は寿司屋に大きな変革をもたらし、それまで火を使うことのなかった寿司屋

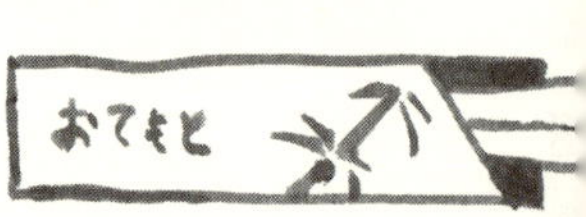

でお椀を出すようになり、酒やそれに合わせるつまみとして刺身や焼き魚を提供する店も増えていった。さらに関西料理の進出は、客の嗜好にも変化をもたらしたそうだ。

「銀座寿司幸本店」杉山宗吉さんの著書『すしの思い出』にはこう書かれている。

「とにかく鮓が大震災を契機として、生地の味の濃い物や新鮮さを現わした物などが多く好まれるようになりました。たとえば、鮪の鮓は、中とろと呼ぶシビ鮪の皮ぎわで脂肪のある所の肉がとくに好まれ、また海老の鮓は、生きているものをお客様の前で調理しながら握るもの、鮃や鯛は、食べた時に肉が生かっていて歯当たりが堅く感じるもの、などが好まれるようになりました」

「銀座寿司幸」では積極的に新たな寿司ネタの開発に取り組み、現在まで受け継がれているシイタケの握りなどのほかに、客の提案で青柳（バカ貝）の貝柱の握りにも挑戦したそうだ。貝柱を適度にまとめて手のひらに乗せてワサビを挟んで握り、

「さらに、はしらの落ちないように海苔の細長く切ったもので、横の面をぐるりと巻いたのです」(同書より)

　この「海苔の細長く切った」というところがポイントで、ここではたんに貝柱がこぼれ落ちないようにするための工夫になっているのだが、これがのちの軍艦巻の先駆け的存在になったであろうことは間違いないはずだ。

〇一〇

江戸前寿司全国制覇の立役者は戦後の委託加工販売だった

大正12年（1923）に起きた関東大震災によって、東京の寿司職人の多くが職を求めて全国に散り、それが江戸前寿司の全国的な普及に一役買ったことはP40で述べたが、決定的な役割を果たしたのは第二次大戦後に行われた、寿司の委託加工販売だった。

昭和14年（1939）に日本では米が配給制となった。その影響は飲食店にも波及し、衛生上の問題もあったが屋台の寿司屋が徐々に姿を消していく。戦後、昭和22年（1947）には「飲食営業緊急措置令」により、日本人による飲食営業は禁止されてしまう。一方で米の配給は続けられていたのだが、そのシステムの網の目をくぐり抜ける方法が、寿司の委託加工販売だった。その顛末に関しては中山幹氏の名著『すしの美味しい話』に詳しくあるので、興味のある方はぜひ読んでみることをおすすめする。

かんたんに言うと、飲食店は営業できないが、客が持参した米を「職人が加工して寿司にすること」だけは許してもらおう、という仕組みだった。魚も統制されていたから、ネタに使うのは統制外の川魚だったり、貝、エビ、干瓢など。客は、1合の米と40円の加工賃と引き換えに、10個の寿司（握り8個と海苔巻2切れ）が得られた。ちなみに、現代まで続く寿司の1人前の基本形はこの時に確立され、それに伴い握り1個の大きさも、戦前に比べて小さいサイズに定められることになった。

さて、食糧難の時代に立派な寿司が目の前に現れたわけだから、すぐに食べたいと客が思ったのも無理からぬことだ。だが飲食店の営業は禁止されていたので本来なら自宅に持ち帰ってから食べなければならない。しかし商魂たくましいもので、加工場に仕切りを作って、そこにテーブルと椅子を置き、「こっちは店外だからここで食べる」ということで警察の目をごまかすところも出てきたというし、「すきやばし次郎」の小野二郎さんが修業した京橋の「与志乃」のように、入り口は1階だが店舗は階段を上がった2階にあり、見回りの警察官の目をごまかす時間を稼ぐ店構えにした、という例もあった。

この委託加工販売は、寿司は寿司でも「握り寿司」限定で許可されたものだったので、全国の寿司店も営業をするためには江戸前の握り寿司を扱わざるをえなくなった。このことが江戸前寿司の全国制覇につながった、というわけなのである。

〇一一

寿司は置きっぱなしにせず ラーメンのように食べるべし!?

寿司屋のカウンターでよく見る光景の1つが、客が話に夢中になって、つけ台の上に寿司が置かれたままになっている、というものだ。寿司は握り立てが一番美味しいのだから、寿司職人からしてみれば気になって仕方がない事態でもある。もちろん、すでにお腹がいっぱいになって食べるペースが落ちてきている可能性も考えられる。だが、それならばその旨を親方に告げて握るのを待ってもらえばいいのだが、たいていの場合、寿司が溜まっている状況そのものに客が気づいていない。

これがラーメンだったらもっと真剣に食べているだろうに、なんて思っていたら、「すきやばし次郎」の小野二郎さんも、共著書『巨匠の技と心 江戸前の流儀』の中で同様なことを語っていた。

「私は『鮨は3秒』と言っています。出してから3秒以内に口に運んでほしい。できあがった瞬間に一番おいしく食べられるように、温度やかたさなんかを最高の状態に仕上げているわけですから。これがラーメン屋なら、みなさん、出てきたものをものも言わないで食べるでしょ。わざわざ麺が伸びるのを見ている人はいないわけです。数百円のものを一生懸命食べるのに、1貫が千円以上もする握りを前にして何分もしゃべっているなんて、本当に不思議です。鮨なんて、数分置いておいただけで味が変わっちゃうものなのに」

このラーメンと寿司に対するアプローチの違いがなぜ生じたのかは単純な話で、ラーメンは放っておくとスープを吸って麺が伸びてしまうし、その変化は見た目でもすぐにわかるほどなのに対し、握り寿司に限らず、多くの料理はパッと見にはあまり変化が見られないためだ。「天皇の料理番」として知られた宮内省厨司長だった秋山徳蔵さんは、料理が放置された時の気持ちを、『味覚極楽』(子母澤寛)の中でこう語っている。

「食べたかしら、まだ食べないかしら、その心配は一と通りではない。時にそっと女中に耳打ちして『もう食べたかどうか』というようなことを見にやることさえある。そんな時に『まだ食べない』ときくと、もうがっかりして、本当に涙を落とすことも少なくない」

料理というものはそもそも出来立てが一番美味しいものだし、そのタイミングで出されるものだということを、この飽食の時代にこそ、今一度思い出すべきだ。

〇一二

ロブションも取り入れたシステム「カウンター」は平成中村座にも

基本的に、料理店には調理場があり、料理はそこから運ばれて客は客席でそれを賞味するものだが、日本の飲食文化には「カウンター」という独特なシステムがある。客の目の前で料理が出来上がっていく過程も見せるカウンター。そのルーツ的なものとして、平安時代から伝わる儀式「庖丁式」がある。

「庖丁式：客をもてなす際に、主人自らが客の前で調理した食事習慣から始まったものの一つに『庖丁儀式』があった」(『新・読む食辞苑』小林弘、中山篤)

一方でカウンター形式による食事の提供は、大正13年(1924)に開業した大阪の板前割烹「浜作」が源流であり、この「浜作」が関東大震災後の昭和3年(1928)に銀座に進出したことで板前割烹というスタイルが東京に広まり、それが寿司屋と融合していった歴史がある。寿司だけでなく、天ぷらやラーメンに至るまで、カウンター店は、今や日本の食文化の独特な形式である。この料理人と客が対

峙する形をフランス料理に大胆に取り入れたのがジョエル・ロブションだった。

「私自身がくつろげる店を作りたかった。盛り付けなどに注いでいた神経を、お客さんと楽しく過ごすことに使いたい」(朝日新聞2003年9月20日朝刊)。

ロブションはこの日本独自のスタイルを取り入れ、2003年に正にカウンター形式の「ラトリエ・ドゥ・ジョエル・ロブション」を開店。以後、パリをはじめ各国で同店を展開させていくが、そもそものきっかけは「すきやばし次郎」にロブションが魅せられたからだ。実際、ロブションは、新店に生かすためカウンターの寸法を「すきやばし次郎」に赴き採寸していったのだそうだ。

この「調理の裏の様子をも客と共有して楽しんでもらう」という発想は、十八代目・中村勘三郎(初演当時は五代目勘九郎)が始めた「平成中村座」とも通じると思う。江戸時代の劇場の楽しさを再現した平成中村座には「桜席」という壁面を囲んだ2階席の中で「最も安い席」がある。位置が舞台上の「幕の内側」にあり、幕が閉じた後の内側で場面転換などの様子を堪能できるという「通向け」の席だ。

「面白いだろう? 歌舞伎ってぇのはね、面白いもんなんだよ!」

人力で動かすスッポンなどを自ら説明した勘三郎さんは本当に熱く語り、そして面白がっていた。だからこそ観客も魅了されるのだと思ったし、寿司をはじめとしたカウンターの店の店主の想いもまた中村座と通ずるのだと思うのである。

〇一三

昭和天皇の御寿司番「二葉鮨」の貴重な逸話

銀座4丁目を歌舞伎座方面に向かう。三越を左手にして歩き、三原橋を越えたあたり、ちょうど昭和通りから1本手前に走る路地を左折するとすぐ、江戸前の老舗、「二葉鮨」がある。ビル群に囲まれながらも、古き江戸の雰囲気をまとう圧倒的存在感の一軒家に誰もが目を奪われるはずだ。

日本橋葭《よし》町（現在の人形町）で修業した初代が、明治10年（1877）に木挽町に店を構えたのが始まり。まだ昭和通りも銀座という名前もなかったころだ。山田五郎氏が著書『銀座のすし』で、「『銀座のすし』は二葉鮨にはじまるといっても過言ではない」と言うように、「二葉鮨」は寿司にまつわる逸話に事欠かない店だ。

昭和26年（1951）に建てられた現在の店は、江戸時代から続いた屋台店を模した出窓がまず目を引く。珍しい扇形のつけ台、10分進めてある柱時計、歴史を物語る大皿の数々、吉田茂から贈られた五色石がちりばめられた三和土《たたき》の土間床などなど。

現在は五代目・小西亜紀夫さんが店を守るが、その祖父、三代目の小西三千三さんも数々のエピソードを残した人物だ。

皇族と旧皇族の交流の場である「菊栄親睦会」などでは、寿司の出張屋台も設営され、数々の寿司職人が寿司を握ってきたが、特に「二葉鮨」の三代目は「昭和天皇の御寿司番」とも呼ばれるほど、たびたび御用にあずかったという。

陛下は特にコハダの寿司をお気に召していたが、コハダのことはいつも「コノシロ」と標準和名でお呼びになっていたそうで、生物学者であらせられた陛下らしいこだわりだと三代目は語っていたという。

菊栄会は身内だけの宴なので園遊会よりはプライベートな催しだが、そんな時でも陛下はいっさい酒を召し上がらなかった。しかし陛下が日本酒好きなことを知っていた三代目は、「二葉鮨」の湯呑みにひそかにお酒を少し入れておき、陛下に「どうぞ」と差し出したという。陛下は湯呑みに口を近づける際に中身が酒だと気づくと、三代目のほうを向いてにっこりと微笑み、ゆっくりと飲み干されたそうだ。

そんな陛下はたびたび三代目に、「店のほうに行ってみたい」と仰られていたそうだが、三代目は「そんなことをしたら警備やら何やらで大騒ぎになりますから、どうかご連絡をくだされば私のほうから出向きますので、そうお申し付けくださ い」と、これだけは頑なに固辞したという。まさに江戸っ子らしい矜持だと思う。

○一四

「アガリ」「ムラサキ」符牒はどこまで使えるか？

どこの業界にもあるように、寿司の世界にも業界独自の符牒というものがあり、一般にまで浸透しているものも多い。この寿司屋の符牒のことに触れるとなれば、池波正太郎の『男の作法』について言及しないわけにはいかないだろう。

「飯のことをシャリとか、箸のことをオテモトとか、醤油のことをムラサキとか、あるいはお茶のことをアガリとか、そういうことを言われたら、昔の本当の鮨屋だったらいやな顔をしたものです。それは鮨屋仲間の隠語なんだからね。お客が使うことはない。普通に、『お茶をください』と言えば、鮨屋のほうでちゃんとしてくれる。だけど、いま、みんなそういうことを言うね。鮨屋に限らず、万事にそういう知ったかぶりが多い」

この本が出たのは昭和の終わり頃だが、池波さんがこんなことをわざわざ言わなければならなかったということは、つまりはそれだけこうした符牒を寿司屋で使う

客が多かったということだろう。

実際、僕が子どもの頃には僕の父に限らず多くの大人たちが、「醤油のことはね、ムラサキと呼ぶのが通なんだ。そしてお勘定をする時は『おあいそ!』と声をかけるとよりいいんだぞ」なんて得意気に説明してくれていて、子どもながらによく意味もわからず「そんなもんなのか」なんて受け止めていたものだった。

本来は店側が使うべき言葉を客が調子に乗って使って悪ノリしているのが、池波さんにはどうにも無粋に映ったのだろう。のちのグルメブーム到来とともに、寿司屋でのマナーとして「符牒を軽々しく使うのは下品だ」という話も広まったことで、池波さんの言う「知ったかぶり」もなりを潜めるようになった。

とはいえ、こうした裏の言葉も、シャリやガリのように表に出てきたことによって、長い年月の間に誰もが使う言葉として定着していったものもある。そのような「言葉自体にパワーが宿ったもの」は、そのまま受け入れて構わないと思う。問題なのはいつの時代でも、通ぶって知ったかぶりを演じるという姿勢が、そもそも大人げない行為だということ。

肝心なのは「どの言葉を使えばいいか」といった上っ面なことではなく、素直に食事に向き合って楽しむ、という気持ちこそが、心地よい空気を周囲にもたらす原点なのではないだろうか。

〇一五

白身魚の王様・タイは関西と関東で立ち位置が違う

日本人以外の人はピンとこないだろうが、マダイという魚は日本では特別な地位にある魚で、古来、我が国ではことのほかこの魚を大切にしてきた。美しい紅い姿を持ち、身を開いてみればやはり紅白の彩りのマダイは、煮ても焼いても刺身にしても美味なため、祝いの席でも欠かせない存在だ。そんなわけだから、幕末に関東でマグロが大発生して日本の魚事情に異変が起きるまで、世はタイの天下だったし、今でも大衆の人気はともかく、魚界における格付けは高いままである。

寿司ネタとしてのマダイはヒラメと同様に昆布締めにしたものがよく出される。皮目を残して湯霜した松皮造りにしたものは皮の食感、そして身との間の脂の味も楽しめていい。食事全体の流れの中では、タイは比較的序盤に食すのが向いていると思われているが、タイの中でも圧倒的な旨さを誇る「明石のタイ」が流通する関西ではこの限りではなく、その身のコシの強さと旨味は「これぞ白身魚の王」と納

得できる美味しさで、コースの中でも横綱級の扱いになる。

「すきやばし次郎」の小野二郎さんが、この明石のタイを関東で安定して確保することは不可能であり、それに匹敵する他のタイを調達することもできないとして、マダイ自体を店で扱わないことにしているのは有名だが、それもうなずけるほどの旨さが「明石のタイ」にはたしかにある。そのためもあってか、関東では白身魚ではむしろヒラメのほうがタイよりは寿司ネタとしては人気のようだ。そんなマダイの微妙な立ち位置を、「吉野鮨本店」三代目・吉野昇雄さんが、『鮓・鮨・すし―すしの事典』の中でこう表現している。

「姿形はよくても味では関西のタイにおよばないことが分かっていながらタイはタイとしての王座からおろすことはできないという中途半端なすしダネというのが東京での白身ダネとしてのマダイの立場である」

さて、マダイ、チダイ、キダイの稚魚をカスゴ（春子）と呼ぶが、酢で締めたものを握る店が江戸前復権とともに増えてきた。タイ科ではないが、イボダイや高級食材として知られるアマダイ（「ぐじ」とも）も昆布締めにしたものなどが握られる。キンメダイも最近人気が高くなってきた深海魚だ。こうしたタイ科ではないタイは俗に「あやかりタイ」と呼ばれるが、その恩恵にあずかるのが数々の美味を味わえる我々のほうなのは、ありがタイことだと思う。

〇一六

「トロ」という呼び方誕生に三井物産の人が関係していた!?

世界に浸透した「ＳＵＳＨＩ」文化。その代名詞とも言えるトロもまた、今や国際語だ。米コネチカット州やインドネシアには「Toro Sushi」という名の寿司店があり、ポルトガルには「Sushi Toro」という店がある。

年齢や人種を問わず大人気のトロだが、そもそもマグロの脂身を「トロ」と呼ぶようになったのがいつなのか、実はそれを立証する明確な資料は残っていない。しかし寿司の研究者としても知られる日本橋「吉野鮨本店」三代目・吉野昇雄さんが書いた『鮓・鮨・すし―すしの事典』には、「わたしどもの店での」といった控えめな表現をしながらも、トロという言葉の誕生秘話が記されている。

大正7、8年（1918、19）頃、吉野さんの父の時代、当時は安かったマグロの腹側（現在ではこちらが最上とされる）を仕入れて高級店よりも2割ほど安く売り、これが大人気となったという。そしてこう続く。

「この頃、前々から父の店をひいきにして、毎日のように食べに来られた三井物産のAという方がいた。この方がまた、脂身が大のお好きで、ある時同僚の方五、六人とご一緒に来店されたことがあった。脂身について、客側に適当な呼び名がないうえに、その霜降りのところとか、段だら（腹側の中でも脂の多いところ）のところとか、（中略）これでは面倒だから、なんとか直に通じる符丁をわれわれでこしらえようということになったのである。皆さんからいろいろな案が出たようだったが、ある人が、『どうだい、口に入れるとトロっとするからトロにしては……』というと、それはおもしろい、トロにしようと皆さんが賛成され、脂の多いところは大トロ、中位は中トロだと即座に決まった」

大正9年（1920）に発表された志賀直哉の『小僧の神様』にはまだトロという呼称は出てこず「脂身」という表現だったが、大正15年になると、実業家・波多野承五郎が書いた『古渓随筆』に、こんな一文を見いだせる。

「鮨は鮪に止めを刺すと言ってこそ、本当の鮨通だ、然かも鮪のトロ身で、部厚のものでなければならぬ」

この間、関東大震災を挟み、寿司に限らず東京の食文化は足踏みしたと思えるが、それでもわずか数年でトロという単語が一般化していることが、この記述でわかると思う。

〇一七

稲荷寿司の歴史と種類あれこれ 三角形、細長い、裏返し……

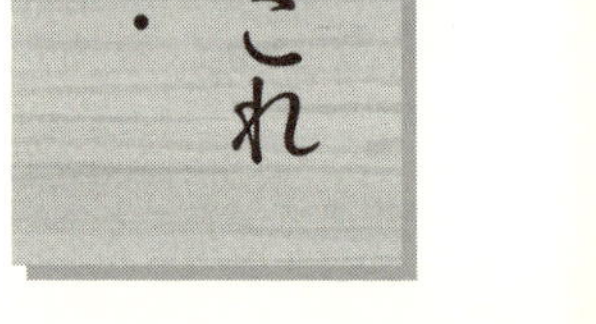

稲荷寿司は、甘辛く煮込んだ「かます」と呼ばれる油揚げの中に酢飯を詰める。江戸握り寿司に比べ安価なことが、江戸で流行した際のセールスポイントだった。江戸時代に30年がかりでまとめられた書物『守貞謾稿《もりさだまんこう》』(喜田川守貞)には、稲荷寿司に関する最古の記述があり、「天保末年、江戸にて油あげ豆腐の一方をさきて袋形にし、木茸干瓢等を刻み交へたる飯を納て鮨として売巡る。日夜之を売れども夜を専らとし行燈に華表を画き、号て稲荷鮨あるひは篠田鮨といふ。ともに狐に因ある名にて、野干は油揚を好む者故に名とす。最も賤価鮨なり」と紹介されている。

ここで言う「野干」とは狐のこと。五穀豊穣を司る稲荷神社への供え物だったという由来から、稲荷寿司は米俵を模した形が基本形だが、西日本などでは「狐の耳」に似せた三角形の稲荷寿司も一般的だ。

天保の大飢饉後には、酢飯の代わりにおからを入れたものが売られたりしていたらしいが、この頃から稲荷寿司は手ごろな食べ物として人気を広げていった。

そもそものルーツは尾張の国だという説が一般的だが、確定的な情報はないため、全国各地で「元祖」を名乗る店、地域が存在する。

嘉永5年（1852）の『近世商賈尽狂歌合』には屋台の稲荷寿司売りの絵が描かれており、売り口上で「1本が16文、半分が8文、一切が4文」と値段が読み上げられていたことがわかる。当時は細長い稲荷寿司を切って売るのが一般的だったようだが、この形のものは、天保10年（1839）創業の横浜・関内「泉平」（P4）や、埼玉の妻沼聖天山門前町の老舗3店舗で、現在でも買い求めることができる。

明治8年（1875）、麻布龍土町（現在の六本木）で、近藤つなさんが開いた茶店「おつな」では、かますを裏返し、刻んだ柚子の皮を混ぜ込んだ酢飯を詰めた稲荷寿司が評判となった。この店独特のかますは、テレビ業界で「裏（番組）を食う」という縁起物として喜ばれた。現在も「おつな寿司」として営業中である。

東日本では白い酢飯をかますに詰めるが、「助六寿司」の元祖、新富町の「蛇の目寿司」の稲荷には刻んだガリが混ぜ込んであり旨い。

青森の津軽地方では紅ショウガと砂糖を入れて作られるピンク色の酢飯が詰められた稲荷寿司が有名だ。西日本の稲荷寿司では、刻んだ人参、蓮根、糸昆布、シイタケ、ゴマなど何かしらの具材が酢飯に混ぜ込まれるのが一般的である。

〇一八

酢の老舗「ミツカン」は江戸前を支えパクられて発展

酢飯が主役ともいえる寿司に酢は欠かせないものだが、握り寿司の原型となった早鮓（P191）が使っていた酢は米から作られた米酢だったのに対し、第二次大戦前まで握り寿司で使われていた酢は、酒粕を原料にした粕酢（赤酢）だった。

華屋與兵衛が両国に店を開いた文政7年（1824）に先立つこと20年となる文化元年（1804）、尾張（現在の愛知県西部）の造り酒屋、中野又左衛門が酒粕を使って粕酢を開発し成功を収める。又左衛門はその粕酢を江戸に売り込みに行った。そして、当時高価だった米酢よりも手軽に扱え、甘味や旨味に富んだ粕酢を使った握り寿司は評判を呼び、一大ブームとなっていく。又左衛門の粕酢は「尾張の丸勘」と呼ばれて人気を博していたが、これは、又左衛門のあとを継いだ二代目が酢屋勘次郎を名乗り、商標を「丸に勘」としていたからだ。

ところが当時は登録商標なんて仕組みはないので、他の酢屋も便乗して丸勘印をパクって販売していたという。そこで二代目が対策として打ち出したのが、他店では真似のできない3年熟成した高級品の開発で、今も寿司店で愛用されているブランド銘柄「山吹」として結実する。

華屋與兵衛の曾孫、小泉清三郎の著書『鮓のつけかた』にも、「酢は飯と共に鮓には無くてはならぬものですが種々類がございまして、先ず普通五段ほど上下があるのです。鮓に使ひますのは尾州半田で醸造します、『山吹』に限ります」とまで書かれており、いかに山吹の実力が評価されていたかがわかる。

時は明治に移って、又左衛門家も四代目となり、名字も「中野」から現在まで続く「中埜」に改められたが、ここでもう1つ大きな変革があった。

明治17年（1884）に商標条例が施行されたことで、晴れて丸勘を登録できるはずだったが、なんと3日の差で名古屋の別の酢屋に登録されてしまう。そこで四代目は新たな商標を考案する必要に迫られる。結果、中埜家の家紋である「〇の中に≡」と「天下一円にあまねし」という意味を込めて下に「〇」を加え、「三ツ環」と定めた。これが現在まで続く「ミツカン」誕生のいきさつである。この新商標のお披露目のために四代目は、明治21年（1888）3月13日（三の多い日が選ばれた）に新富座を借り切り、「東京披露会」として九代目・市川團十郎、十二代目・守田勘弥による歌舞伎興行を行い、新たな船出を盛大に演出したと記録に残っている。

〇一九

煮ハマグリを出す店こそ本物の江戸前寿司の証

江戸前寿司を代表するネタの1つでありながらハマグリに関しては、「すみません、ハマグリは……」と口を濁しながらも、結局は取り扱っていない店が意外と多い。だが、それゆえ逆にハマグリの有無が江戸前寿司店のポテンシャルを測る尺度になりうるとも思う。

寿司ネタとしてのハマグリは別名「煮ハマグリ」と呼ばれることからもわかるように、仕込みの段階で「煮る」という作業が入る。しかしハマグリは煮てしまうと身が固くなってしまい、あの快感的なやわらかさから滲み出る貝の旨味とツメの甘みの調和を味わえなくなってしまう。

そこで、江戸前の技法では流水の中で剝き身から砂やヌメリを取り、沸騰したお湯に入れてサッと火を通し、ワタや筋をていねいに取り除いたうえで包丁で身を開く。それをハマヅメ、つまり、ハマグリの茹で汁に砂糖、醤油、みりんを加えて煮

詰めたものに慎重に漬け込む。だから、意味としては「ヅケハマグリ」なのだが、昔からこれは「煮ハマグリ」と呼ぶのが慣例となっている。こうした作業が江戸前の「仕事」の中でももっとも手間のかかる部類に入ること、また以前のような質の高いハマグリの入手が困難な状況も「煮ハマ」を扱わない店が増えた一因だという。

もともと江戸前寿司用のハマグリは、江戸前、つまり東京湾あたりで獲れたものが最上とされていたが、高度成長期の度重なる湾岸部の埋め立て工事によって、赤貝などとともに絶滅してしまったのだそうだ。

日本各地でも漁獲量は激減してしまい、現在では三重の桑名や志摩などのものを使用しているそうである。それでも純国産のハマグリは数が少なく、多くは韓国産のものを日本の海に「移住」させてから出荷しているのだそうだ。

この韓国生まれのハマグリはそのまま寿司ネタにするには固すぎて使い物にならないそうだが、不思議なことに半年ほど日本の海で生活させると国産のハマグリのようにやわらかくなるのだそうだ。おそらくは海水の成分や餌、砂といった環境が影響を与えるのだとは思うが、実に不思議な現象ではある。まるで「ハマグリの日本への帰化」のようだが、逆に言えば韓国からの「ハマグリ移民」がなければ、江戸前のハマグリが絶滅の危機となる。そう考えるとこれもまたありがたい国際交流の1つと言えるだろう。

〇二〇

「ワサビを醬油に溶かすのはマナー違反」は説明不足

握り寿司になくてはならないワサビは、ネタの裏側に塗られるので客はそのまま食べればいい。問題はつまみとして出てきた刺身を食べる時、醬油皿にワサビを入れて溶かすかどうかだ。もちろん、店側は本ワサビならではの香りや甘味を味わってもらいたいから、「どうぞワサビは醬油に溶かずに刺身の上にのせて召し上がってください」と言うだろうし、それが正解だ。だが、「ワサビを醬油に溶かす」という行為を一律に「マナー違反である」と多くのメディアが断じているのは説明不足だと思う。

日本原産の本ワサビは、昔は天皇や将軍に献上する稀少な食物として幕府の庇護を受けていたという。江戸時代初期には栽培技術が確立、中期頃には比較的安定した供給が可能となった。やがて握り寿司の発明とともに、寿司にはなくてはならない存在となっていった。

大正になると早くも西洋ワサビ（ホースラディッシュ）を利用した粉ワサビが開発され、ここに安価な代用品が登場する。当然、本ワサビと比べると、香り、辛味、甘味など劣ること甚だしいが、大衆が安価な食品を求める以上、粉ワサビの需要はなくならず、やがてチューブ入りの「生ワサビ」の開発へと発展していく。

この生ワサビも本ワサビの味に近づけるために本ワサビそのものを混ぜるようにもなった。本ワサビの含有量が全体の50％未満を「本ワサビ入り」、50％以上が「本ワサビ使用」と区別されている。現在では100％本ワサビのものもある。

たとえば子供たちが刺身を食べる時、子供にとってワサビの辛さはキツ過ぎるから最初は極少量だけにするだろう。そして親はまず間違いなくこう勧めるはずだ。

「ワサビは醤油に溶かしたほうが辛さがキツすぎなくていいからね」

醤油に溶くことでワサビの特性が弱まることがここではプラスに作用するわけだ。こうして子供たちはワサビというものに慣れていき、そのまま大人になる。

一方で、生ワサビには本ワサビに匹敵する香りなどは当然ないから、「刺身の上に乗せて」なんてことを覚えるには至らない。だから「ワサビを醤油に溶かすのはマナー違反」と物申すならば、それは「本ワサビ」に限るべきだし、同時に、生ワサビの宣伝文句の中には「より醤油溶けしやすくなりました」なんてものまであることも知っておくべきだと思う。

地魚だけじゃない
御当地寿司の
愉しみ［札幌］

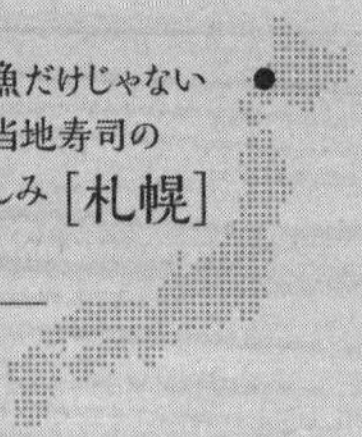

江戸前は保存のため「蝦夷前」は新鮮さを

とにかくウニを気軽に使う。
その美味しさを引き出すピンク色の球体とは？

ラーメンの世界には、日本全国にその土地ごとの味、「御当地ラーメン」がある。東京なら醤油味で九州ならとんこつ、札幌なら味噌といった具合だ。

ラーメンほどではないが、握り寿司の世界も同様に土地ごとに特色はある。江戸発祥の握り寿司が「江戸前」というキーワードとともに全国に浸透していったが、江戸前の技法が「保存のため」のものだったのに対し、その「技法」を必要としない土地もあったのだ。

たとえば、蝦夷前（北海道前）では、そもそも扱う魚介類の種類からして違う。太平洋にしか面していない「江戸前」とは異なり、北海道にはオホーツク海、日本海もあり、天然の魚河岸のように魚介類が豊富だったため、北海道、そしてその中心地である札幌では、昔から「新鮮な魚介類を愉しむ」傾向が強かったわけだが、その影響を江戸前寿司が受けないわけがない。

北海道の寿司は以前から、「ネタがシャリを覆いつくすくらい大きい」というスタイルで人気だった。これは魚介類が豊富だからこそできるネタの大盤振る舞いだ。

そこには「握りとしてのバランス」なんてありはしない。だからこういった寿司を遊女が裾を引きずる様に見立てて「女郎寿司」などと揶揄する声もあった。だがむしろこれは「新鮮な魚をたっぷり味わってほしい」という北海道民の心意気、と受け止めたほうが気持ちがいい。


江戸前のように酢締めにする必要もないほど新鮮な魚介類が豊富に手にはいるため、「蝦夷前寿司」には江戸前とはだいぶ異なるネタが店に並ぶことになる。

たとえば、江戸前の煮たり蒸した車海老に対して蝦夷前は「生のボタンエビ」が昔からの定番だ。ホッケ、八角といった普通は干物や焼き魚としてあつかわれるものも生で握られるし、カキ、マスなども同様だ。東京では茹でるホッキ貝もこちらでは生で食べられる上に、ヒモの軍艦まである。

マダラの白子は蝦夷前では「真だち」と呼ばれ、地元の人たちには欠かせない定番メニューになっている。

さて、札幌ではいわゆる北海道らし

い「ネタの大振りな握り」が人気の一方で、江戸前のDNAを受け継いだ伝統的な握りも人気がある。

円山公園近くの「すし 宮川」では、最初の握りが「生のアカムツ」だったのにまず驚かされた。

アカムツ、俗に言う「ノドグロ」は「白身のトロ」とも呼ばれるほど脂が多い。そのため金沢や東京などでは焙ったものが握られるケースがほとんどだ。それをあえて一番バッターとして「生」で出すところに北海道における寿司の矜持を見た思いだった。

続いて出された、江戸前の技法を取り入れた「大トロのヅケ」や、北海道ならではの「トキシラズ」など、東京から遠く離れた土地には寿司の可能性を広げる多くの経験が蓄積されているものだと感じた。

同じく円山公園付近に本店を構える老舗「すし善」は、北海道ならではの生の握りと同時に、江戸前の技法を駆使した寿司も提供し、両者の良い点を融合させて新たな可能性を広げ続けている。新鮮な生の寿司が人気だといっても、江戸前の「仕事」によって生み出される、本来の姿の寿司も味わってみたいのが人情というものだ。

そこで「すし善」では2種類の寿司が楽しめるようになっている。観光客や北海道らしい寿司を求める客は、長年発展してきた「蝦夷前寿司」を、伝統の寿司を食べたい人は「江戸前寿司」を好みで選べるのである。

だから「煮ハマグリ」などもちゃんと用意されているのだが、これは江戸前を求める客のためのものなのである。

この店に限らず、北海道の寿司で驚かされるのはウニの使い方だ。新鮮で豊富だからなのか、とにかくウニを気軽に使う。まるでトッピングのように。たとえば、イカの握りの上に味付けとして、あるいはホタテの握りでは隠し味のようにシャリとの間に潜ませたり、といった具合だ。

もちろん、ウニそのものも秀逸だ。握られたシャリの上に箸で1つずつウニが盛りつけられていく。箱ウニではなく塩水ウニだからこそのやり方で、軍艦でもなくきれいにウニがシャリの上に飾られていくのだ。そして最後は煮切りで、と思いきや、何やらピンク色の球体が登場してくる。これをおろし金で擦って振りかける。

さて、このウニを口に入れてとにかく驚いた。こんなにもウニそのものの旨味、そして甘味が口の中に広がった経験はなかった。もちろん、あのピンク玉の仕業に違いない。

「ボリビア産の岩塩なんですよ。塩特有の刺すような感覚がなくて丸い味わいなんですよね。これを見つけて以来ウチの店はこの岩塩ですよ」

と職人さんは楽しそうに語る。

江戸前という名の重力を感じながらも、そこから解き放たれた自由度が地方にはある。そしてそれは札幌だけではなかったのである。

〇二一

お任せコースは店主厳選の「セットリスト」である

最近の高級寿司店では「お任せコース」が定番となり、昔のような「お好み」で好きなものだけを注文することができないから嫌だ、という人がいる。

たしかにお任せコースは高級店での主流になってきているが、お好みで注文できる高級店も実は今でもかなりあるし、それも事前に、電話なりネットなりで調べることが可能なので、そんなに目くじらを立てて否定することもないと思う。

それにしても、いったいなぜ「お任せコース」がこんなにも主流になったのだろうか。その第一の理由は、客が寿司と縁遠くなったため、お好みで注文できる人が減ってしまったからだろう。昔から、「適当に美味しいとこ、握って」と職人に選択を丸投げする客は普通にいた。それを店側が「適当に」ではなく「真剣に」考えたセレクションが、現在の「お任せコース」なのだと考えればいい。ライブコンサートでたとえるなら、これは寿司職人による「セットリスト」なのだ。

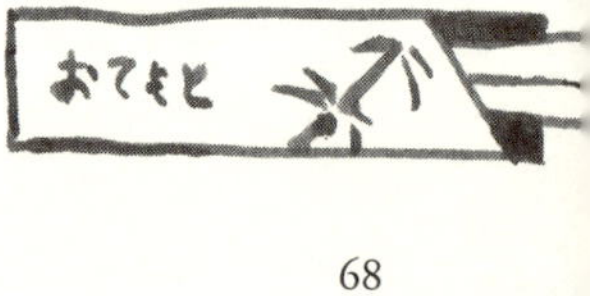

白身（ヒラメなど）、赤身（マグロなど）、光り物（コハダなど）、貝（赤貝など）、エビ、イカ、ウニ、イクラ、煮物（穴子、ハマグリなど）といった数々のネタをどのような順番で客に食べてもらうのがもっとも自分の理想とする「寿司のストーリー」になるのか。基本、人肌で供される握りの流れの中で、どのタイミングで、温かいネタ、火で炙ったネタ、蒸したネタ、などを織り交ぜていくか。一連の流れを締めくくる1カンは何がふさわしいのか。

こういった無数に考えられる組み合わせに対する、プロの寿司職人としての答えが「お任せコース」なのである。しかも「アンコール」として、客は好きなものを追加注文できるのだ。

最初の1カンだけに注目してみても、店によって考え方が違う。タイやヒラメ、カスゴといった白身魚からスタートする形が主流だが、あえてマグロのトロをあいさつ代わりにトップに持ってくる店もある。「日本橋蛎殻町 すぎた」やその弟子筋の「鮨 はしもと」は、コハダから握りが始まる。札幌の「姫沙羅」はなんとワサビ巻がオープニングだ。シャリと海苔とワサビという寿司を構成する基本三大要素、それぞれの味や香りをまずは楽しんでもらおう、という趣向だ。

それでも「やっぱり自分好みの構成を自分で決めたい」という人はミックステープ派なのだろうから、野暮な文句は言わず、お好み可能店に行けばいい。

〇二三

寿司屋の湯呑みが大きいのは手抜きをするためだった⁉

子供の頃、お茶を飲むのが好きで何度もおかわりをしたものだったが、ある時から母が「あなたはこっちの湯呑みを使いなさい」と言って出してきたのが、寿司屋でおなじみの大きな湯呑みだった。僕自身は何だか大人扱いをされ始めたようでうれしくなったが、母にしてみれば、湯呑みが大きいから何度も注ぎ直さなくていいので楽になった、というわけである。

ところで寿司屋の湯呑みというものはそもそもなぜあんなにも大きくて分厚いのだろうか？　調べてみるとその理由は母と同様、手抜きをするためだったようなのだ。寿司にもっとも合う飲み物はお茶である、と言われるように、寿司屋で出される粉茶は実に寿司と相性がいい。握り寿司の始祖と言われる華屋與兵衛は、握りと一緒に山本のお茶も出して評判をとったというから、寿司とお茶という組み合わせは寿司の創成期からあったことになる。

その後、江戸を中心に握り寿司は隆盛を誇ることになるが、その大半は屋台店であり、その屋台も基本的には主人1人で営業していた。しかし、1人でできる作業量は限られたものだ。屋台を据えて店を開く。主人は客のために寿司は握るが、煮切り醤油は客側に置いた丼で共有してもらい自分でつけてもらう。おしぼりなんてぜいたくなものは出せないから、明治の頃には新聞を切ってペーパータオルのように束ねたものを紐で括り、屋台の端にぶら下げておく。客のほうはそれで拭くのも面倒だから、勘定を済ませると暖簾で指を拭いて出ていってしまう。結果、暖簾が汚れている店は繁盛している証拠、と通たちが訳知り顔で言うようになる。

とまあ、こんな状態だから客に対して屋台店がそんなにていねいにお茶を淹れる余裕なんてないわけだ。だからお茶自体もお湯を注ぐだけでいい粉茶になっていったし、湯呑みも1杯の量が多く、しかも冷めにくい厚めの湯呑みが好まれるようになったのである。

こうして長年にわたって寿司屋の象徴の1つでもあった大きくて分厚い湯呑みだが、現在ではほとんどの店にはお茶を注ぐための人員もいるし、お茶よりも酒を求める客も多いため、湯呑みも一般的な大きさのものを使う店が多くなってきたようだ。あの大きな湯呑みに郷愁はあるが、店がこだわりで選び抜いた湯呑みを味わうことができるようになったことは、それはそれで楽しいものである。

〇二三

コハダは職人の腕前だけでなく江戸前の哲学までわかる

江戸前寿司の〝横綱〟とも称されるほどなくてはならないネタであるコハダは、逆に寿司以外の分野ではなかなかお目にかからない食材でもある。コハダは出世魚の一種で、稚魚の頃は、ジャコ、シンコ（新子）と呼ばれる。その後、成長した大きさに応じて、コハダ、ナカズミ、コノシロへと呼び名も変わっていくわけだ。

江戸時代には「コノシロを食う」ことが「この城を食う」に通じるので侍が忌み嫌い、結果コノシロよりコハダが人気となった、などとよく紹介されている。

コノシロは関東以外の地域では普通に食材として使われるところもあり、特に熊本県ではスーパーでも刺身のパックで売られていて、八代海沿岸の地域では、コノシロの姿寿司が郷土料理として親しまれている。

一方、稚魚であるシンコは夏の寿司ネタの名物でもあるため、寿司通を自認する客はシンコ目当てで店を目指し、店側でも競って仕入れることもあるため、価格が

異常なほど高騰することでも知られている。

コハダ自体は、今では日本全国各地からいわゆる〝旅の物〟が通年で市場に届くので、いつでも食べることができるが、本来の旬は冬から春にかけて。昔は1年分のコハダを仕入れると、はらわたを抜いて甕に入れ、酢と塩に漬けて目張りをして、床下や縁の下に保存しておいたのだそうだ。

現在でも塩と酢で仕込むのは変わらないが、振り塩と呼ばれる、開いたコハダに塩を適量振りかける作業が熟練を要する職人技となる。厳密に言うと、開いたコハダ1尾ごとに適量となる塩の量が異なるため、ずらりと並べたコハダに振り塩をするには年季と勘が求められるわけだ。

振り塩をしたコハダはしばらく置かれるが、これも夏場と冬場では置き時間が変わる。続いて塩を水洗いで落として水切りをしたあと、一度魚を漬けた酢＝二番酢を使って軽く洗う。そしてようやく酢への漬け込みとなる。こうしたコハダの仕込みの手順は非常に手間がかかるだけでなく、店ごとに違いがある。それは店主が考える理想のコハダ像の違いでもあり、それゆえコハダが〝店の顔〟にもなるのだ。

光り物の代表格でもあるコハダは、美しい皮目を生かした握りが基本だが、サヨリのように三つ編みにした握りもあるし、逆に女性などで皮目が苦手という人のために、身のほうを上にして握る方法もある。

〇二四

二郎さんはなぜ捨てシャリを？
左利き克服の「二郎握り」も

江戸前寿司の握り方には大きく分けて、本手返し、小手返し、縦返し、という3種類がある。本手返しが本来の握り方で、5手から6手で握る。それを少し簡略化したものが他の2つだ。握りは手数が少なければ少ないほどいいと言われているが、昔ながらの本手返しではなく、多くの職人が小手返しや縦返しで握るのには、本手返しが難しいからという理由もあるのかもしれない。江戸前の伝統を守る老舗の多くは本手返しで握っているが、独自の握り方を習得した職人も数多くいる。

握り方に関連してよく言及されるのが「捨てシャリ」。これは、酢飯をつかんでネタに合わせたあと、余分なシャリを櫃に戻すことを指すのだが、これを忌み嫌う人が特に通を自認する客に多い。曰く、「職人としての姿が美しくない」ということと、捨てシャリをすることで「手数が1つ増えるから」ということらしい。

とはいえ、名のある寿司職人でもこの「捨てシャリ」をする人は多い。その代表

例は、「すきやばし次郎」の小野二郎さんだろう。いったいなぜ、二郎さんは捨てシャリをするのか。この疑問について、評論家の山本益博氏が、著書『至福のすし』で本人に直撃して書いている。

「『捨てめし』はするものだって、先輩たちから教わったのを、そのまま深く考えずにずうっとやってきたってことでしょうか。一工程余計といやあ、その通りですね」

二郎さんは左利きの不利な点を克服する過程で、手返しをしないで握りが手の中でくるりと回る「二郎握り」という独特の握り方を習得しており、素早く握ることができている。山本氏はそこに理由があると分析する。

「山本　はじめから適量をつかむより、とりあえず素早くつかんで空気を含ませ、すし種の上へのせる。それを優先させた結果なのではなかろうかと。

二郎　自分じゃ、ほとんど無意識に近くて、よく分からないですね」

僕自身はこの捨てシャリ論争自体がナンセンスだと思っている。目を閉じて食べて、捨てシャリをした握りとそうでない握りの違いを指摘できる客などいないと思うし、捨てシャリをすることで劇的に握りの味が落ちるなら、とっくに誰もが修正しているはずだ。どうしたらシャリが美味くなるのかを考え過ぎて夢にまで見るという二郎さんが、捨てシャリを「無意識」にする理由は、握る姿の美しさなどよりも、自分の握る1カンごとの寿司の完成度に集中しているがゆえなのだと思う。

〇二五

1カン2カンという寿司の数え方が定着したのは21世紀！

握り寿司の数え方は現代では「1カン2カン」と数えるのが一般的で、漢字で表す場合は「貫」という字を使うのだが、この言葉が出版各社の辞書に掲載されたのは、なんと21世紀に入ってからのことで、日本語としては新しい言葉であることがわかる。

ではこの数え方がいつから始まり、なぜ「カン」と数えるのか？　実はこの点については諸説ある。曰く「海苔巻を1巻と数えて、転じて握りの数え方にもなった」「昔の重さの単位、一貫に由来する」「いや、江戸時代の穴開き銭を紐を通して束ねた一貫文の長さか重さに由来するのだ」といった具合だ。

この「貫」という字を使って寿司の数え方として紹介した文献は、昭和45年（1970）に篠田統博士が増補改訂した『すしの本』が最初だ。

「戦前は一人前は5貫のチャンチキといって、握り5つに海苔巻き2切れ（囃子太鼓のバチに見立てた）だった」

篠田博士の相談役であり、握り寿司研究の後継者でもあった吉野昇雄さんは、この「5カンのチャンチキ」という言葉が戦前の寿司職人が使った言葉だと証言しているが、「貫」という漢字をあてていいものかどうか疑問を呈している。これ以前のどの文献にも「貫」はおろか「カン」とさえ記されたものはなく、いずれも「1個、2個」という数え方で、寿司の世界での真相究明は手詰まりになっていた。ところがこの問題を解くカギは、日本料理の世界にあった。昭和33年（1958）発行の『料理用語・基本技術事典』に、「にちょうもり」という項目がある。「(二丁盛りとは) 出来上がった料理を二個盛りつけること、または『二かんもり』ともいう。『ちょう』『かん』という語は『個』というのと同じで、数の単位を表す用語である」

関東大震災後、被災した東京の寿司職人は職を求めて全国へと渡っていった。一方で復興が進む中、東京では人材不足となり、関西などから日本料理の板前らがやってきた。結果、焼き物やお椀など、寿司の世界に日本料理の要素が入ってきた流れで、板前が使っていた言葉が裏方の符牒として広まったのではないか。寿司の数え方の由来としてはこれがもっともスッキリしたものであり、その表記は「貫」でもいいが「カン」のほうが良いと考える。

〇二六

江戸前技法「ヅケ」が平成の世に握り寿司の可能性を拡大させた

近年、脚光を浴びているネタに「ヅケ」がある。一般的には、マグロの赤身を容器に満たした醤油（味醂や出汁などが加えられている）に「漬けておく」ことで、昔ながらの江戸前寿司の風味を味わう、という手法として知られている。布にくるんだマグロの柵を湯引きして漬け込んだ昔のヅケもいいが、切り付けを直に漬け込んでルビー色に輝いた1カンの旨さもたまらないものだ。

本来の呼び名は「醬油漬け」で、漬ける切り身もマグロの赤身に限ったものではなかった。明治43年（1910）刊の『鮓のつけかた』（小泉清三郎）にはこうある。

「それから当今醬油漬と申しますと、世間では鮪に限ったように思われていますが、これは甚だ不見識です。現今から、七十余年も前には醬油漬と申しますと、鯛か比目魚《ひらめ》に限ったもので」

本来は白身魚に施していた仕事であったことを強調している。同書にはその上で、

「こういう次第ですから、今も正しい鮓のすすめ方をする場合には鮪は避けなければならぬことになっております」とあり、ここでもマグロへの嫌悪を表明している。タイやヒラメには昆布締めをするのが一般的であり、白身魚特有の繊細な味と弾力を楽しむにはそのほうが向いていると思うが、江戸時代には白身もヅケにしていたことは注目すべき点である。

今でもカウンター内部の調理場を「つけ場」と呼ぶが、これはヅケを作るための容器を置いていた場所がここだったからだ。ちなみに寿司を握ることを「つける」とも言い、寿司を置く場所は「つけ台」と呼ばれる。

ヅケは時代とともに簡略化され、昭和初期には切り付けに煮切りを塗ったことで「漬けた」ことにしていた店も多かったらしい。いずれにせよ、ヅケに代表される江戸前の技法は、冷蔵技術と物流の発達によって「魚が新鮮であればあるほどいい」という新たな価値観によって次第に淘汰されていく。昭和の終わり頃にはほとんどの寿司屋が、たんに刺身を切り付けて握っただけの「海鮮寿司」を出すようになっていたが、グルメブームによって江戸前の技法に再び注目が集まったことで握り寿司は新たな境地へと発展していくことに。昆布締めと並び、古典的技法であった「ヅケ」は、今ではマグロに限らず、白身魚やサンマ、アジといった光り物にも応用され、新たな味の発見を可能にする手法として重宝されているのである。

〇二七

実は「カジキマグロ」とは存在しない魚の名前だった

「カジキ」という魚の話をする前に、「カジキマグロ」という名の魚が「存在しない」ということを明確にしておかなければならない。たしかに、スーパーや小売店などでは「カジキマグロ」という商品が並んでいるが、その正体はたいていの場合「メカジキ」という魚だ。これはかつて、カジキがマグロと一緒くたにされ流通していたことが影響している。昭和5年（1930）の『すし通』（永瀬牙之輔）のマグロの項目にはこういう記述がある。

「鮪にはいろいろ種類があるが、冬盛んに食べられる鮪はシビである。夏になるとシビはシュンを外れてトロなどはだいなしになってしまう。（中略）カジキは秋から冬がシュンであるけれど、その時はシビの美味い時だからシビにおされて一般に喜ばれない」

「カジキマグロ」という言葉ではないが、完全にカジキをマグロの仲間として書いている。実際、昭和の後半になっても各種カジキは「カジキマグロ」と呼ばれ、マグロの仲間として認知されていた。いったいなぜこうした混同が起きたのか。

その理由はカジキがマグロの延縄《はえなわ》漁で獲れるため、マグロ漁船から出荷されること、マグロに似た赤身の味わいがあり、マグロに比べて鮮度の落ちが遅いので重宝されていたことなどが挙げられるだろう。

食用となるカジキには、前述したメカジキのほかに、クロカジキ、シロカジキ、バショウカジキなどがあるが、特にマカジキは最高峰に位置し、寿司ネタとしても極上の味わいとなる。築地魚市場銀鱗会の福地享子さんの著書『築地魚河岸寿司ダネ図鑑』には、マカジキについてこう書かれている。

「細長い体形なので、解体するときは筒切り（輪切り）にする。断面の形を車輪になぞらえ、単位は『車』。4〜5つにカットし、頭に近いほうから1番車、2番車と数える。最上は2番車。身は、マグロの場合は脂の多い腹側だが、マカジキは逆で、背側。ことに背びれの周囲の身がベストとされ、『分かれ身』という」

マカジキの旬は、たしかに本マグロの時期と重なるが、あっさりとした味わいの中に濃厚な旨味が広がる感覚は、マグロとは似て非なる格別なものだ。現在では、人形町の老舗「㐂寿司」など限られた店でしか扱っていないが、マグロにしろサーモンにしろ、トロ好きの日本人がこのまま放っておくとは思えないネタである。

〇二八

ベッカムも夢中になったカッパ巻は寿司の登竜門？

六本木ヒルズの地下2階にあるグルメ回転寿司店「ぴんとこな」で遅めのランチを食べていた時のこと。カウンターの隣の席には外国人の家族連れで、男の子3人と母親が1人。食い入るように英語版のメニューを見つめていた子供たちは、顔を上げるとカウンター越しの寿司職人にかたことの日本語で直接オーダーする。

「カッパマキ、オネガイシマス。ワサビヌキ、ホソマキデ！」

夢中でカッパ巻をたいらげると、子供たちは間髪を入れず同じ注文をくり返していた。

子供はだいたい、キュウリの細巻、つまりカッパ巻が大好物である。食べなれた野菜、手頃な大きさ、ほぼ確実にワサビが入っていない安心感も大きな理由。そしてさらに、数人前が盛り込まれた寿司桶の中でも大人たちが選ばずに残っている確率の高さ＝安定供給される実情もあって、カッパ巻は子供にとってもっとも身近な

寿司だと言える。

やがて彼らもサビ抜きの鉄火巻の味を覚え、続いて握りに挑戦していくことになるのだが、いずれにせよカッパ巻が子供たちにとっての寿司世界への登竜門となっていることは今も昔も変わらないと思う。

高級店でもカッパ巻はちゃんと用意されていて、その中では当然安いネタになるのだが、ちゃんと工夫を凝らしたものに仕上げられていることが多い。表面の皮を剝いたものを芯にしたり、桂剝きにして水っぽい中心部を取り除き、それを細切りにして巻いたり、シャリにゴマを混ぜ込んだり、梅肉と合わせたり、などなど。

2002年の日韓共同開催のサッカーワールドカップで、淡路島に滞在したイングランドチームの主将デビッド・ベッカムは、滞在初日にホテルで開かれたパーティで出てきたカッパ巻に魅了され、ホテル側に毎夕食ごとにカッパ巻を出してほしいと要望したそうだ。当初はベッカムがたんに海苔巻を気に入ったと思ったホテル側は、翌日にはさまざまな豪華なネタを巻いた巻寿司を用意したそうだが、カッパ巻じゃなかったため逆に怒らせてしまったのだとか。

今ではベッカムも大の寿司好きとなり、2016年には「すきやばし次郎」を訪問して感激するなど、すっかり寿司経験値を積んだ様子。ちなみに今のお気に入りはウニだという。

〇二九

寿司の盛りつけには日本の風景が描かれている

カウンターでは、お任せにしろお好みにしろ、握りは順番につけ台に置かれていくものだが、テーブル席、座敷、出前などでは、寿司桶に盛りつけてから出されることがほとんどだ。

ひと口に「寿司桶」と言っても寿司の世界には2種類ある。炊いた米と酢を合わせてシャリにする際に使うものと、客に供する食器として使う漆塗りのものだ。一般的には後者（塗盤台）を寿司桶と呼ぶことが多い。

1人前なら握り10カンと巻物少々程度の量だが、2〜3人前となると盛りつけも豪華になる。現在は「流し積み」と呼ばれる方法が用いられている。ネタの種類によって彩りを考えながら並べていくものだが、戦前までは上に積み上げていくのが主流で、「流し積み」は遊郭などへの出前に用いられた手法だった。

寿司を積み上げる場合、ベースとなったのは日本料理での盛りつけ方で、たとえ

ば刺身の場合には、代表的な「山水盛」という盛りつけ方がある。白髪大根を、前景、中景、後景と、奥に行くにしたがって高く盛りつけて妻敷きとする。これは山をイメージしたものだ。

「中央に鮃の小川作り五切（または七切）を、山から落ちる滝のように盛る。その前にさよりを清流に見立てて盛り添える」（『新・読む食辞苑』小林弘、中山篤）とあるように、山の幸、海の幸を使って自然の風景を模すことで、自然の恵みによってもたらされる食への感謝を表現するのである。

寿司の場合の「山水盛」について、北海道寿鮨調理師会が『参拾年史』で、「向山に細巻三ッ切を積み上げ、右上より光物、中ほどに赤身（鮪）を盛り、左上に煮物を盛る。左右に細巻を盛り小岩に見立てる。左右の細巻の間ににぎり寿司を流し盛りとして、水の流れに見立て山水盛とします」と解説している。

紅白の「水引盛」と同様、最後は玉子で止める形にするのだという。こうした盛り込みは「関所」や「熨斗くづし」といった笹切りの技術も必要で、これは樹木などを表現するために使われる。

ツメを塗ったネタでシャリが汚れたり、作業時間がかかるなどの理由から、現在では積む形の盛り込みは姿を消したが、「流し積み」にも、こうした美意識の名残りを見出すことができるし、全方位から見た美しさを追求する進化も遂げている。

○三○

魯山人が嘆いた「つまみ主体の寿司」も今や主流派

「上戸の人がすし屋に入る、鮨の上についてる魚を剝いで、それで一杯やる、魚が一般に新しいから酒の肴にいいのだそうだ、それを追剝というそうだ。（中略）屋台店で立ちながら呑み、鮨の魚を剝いで酒の肴にするのを皮剝の太刀というそうな」昭和16年（1941）、『サンデー毎日』掲載の随筆「壽司、鮓、鮨」で樫田十次郎が、寿司ネタを剝がして酒の肴にして食べる客の様子をこう記している。

一般に寿司屋で寿司ネタを酒の肴として供するようになったのは、戦後、屋台店が消滅しカウンターに椅子が設置されてからのこととされているが、樫田の書いた光景が事実であるならば、戦前の頃から屋台で酒を出す店がそれなりにあったことになる。この「追剝」行為ほど寿司職人をガッカリさせるものはないのだが、最近でも「ダイエット中なので……」という理由で「追剝」をする女性客がいるそうで困ったことである。

さて、戦後には寿司屋で酒を出すことも普通になるのだが、樫田の友人である北大路魯山人は、そうした風潮について、昭和27年（1952）の随筆『握り寿司の名人』で早々と嘆いている。「今日このごろの者は、いきなりビールだ酒だと寿司を酒の肴に楽しんでいる。寿司食いのアプレである。戦後、寿司が立ち食いから椅子にかけて食うようになったせいである」。

アプレとは当時の流行語「アプレゲール（戦後派）」の略で、戦前とは異なる価値観を持つ若者らを形容する言葉だったが、寿司屋で酒を飲むこと自体は、今では当たり前どころか主流派となっており、いかに寿司に合った酒を取り揃えているか、もしくは選び抜いてあるかどうかも、寿司屋を評価する上での物差しとなっている。そして「追剝ぎされないように……」というわけではないが、寿司ネタとして仕込んである魚や貝を刺身などにして酒の肴として出す店も増えた。これは高度成長期からバブル期にかけて、社用族によって寿司屋が接待の場などに使われることが増えたからだ。

そうなると寿司だけ食べて退店、というわけにはいかず、少なくとも2時間は滞在できる工夫が寿司屋にも求められたわけで、その答えが「酒の肴としてのネタの提供」だった。魯山人が見たら呆れてしまうだろうが、この道程もまた今現在の寿司文化の形成に欠かせない土台となっているのである。

〇三一

トロを10回続けて注文した三島由紀夫はマナー違反!?

「握り寿司は、まず箸で握りの上の切り身をはがして脇に置き、ご飯を箸で半分に割って片方をまずは食べ、残ったご飯を脇に置いておいた切り身で包んで、これを醤油皿に持っていって切り身の部分に少し醤油をつけて食べるのが正しい」

著名なマナー専門家が、「寿司の正しい食べ方」と題してこんな方法を「正式である」と教えていた。今世紀の初め頃の話で、その書籍ではイラスト付きで食べ方が紹介されており、その本がまた大型書店に平積みにされていたものだ。

この話を寿司職人にすると１００％吹き出されるのだが、かつてはこんなことを「寿司屋でのマナー」としてお金を払って習う人がいたのである。

最近でも謎のマナー関連記事を読んだ。「お寿司屋さんでは白身魚から注文し、赤身魚へと移っていくのがマナーです」とあった。「白身から徐々に味の濃いネタへと移行するのが良い」とされるのは、そのほうがネタそれぞれの味を直前に食べ

たネタの余韻に邪魔されることなく味わえるから「おすすめです」という程度のものであって、決して「マナー」などではない。そもそも「白身魚から注文しない」ことで誰かが不快になったり、失礼に当たるようなことでもあるのだろうか。

山口瞳と三島由紀夫の作家同士が寿司屋で居合わせた際の有名な話がある。三島は最初にトロを注文すると続けてトロを10回も注文し、それを見ていた山口があきれたという話だ。トロは高価だが仕入れ値はもっと高価で、客の要望に応えるために赤字覚悟で店は仕入れる。だからほかのネタも食べてもらわないと店には利益が出ない。それだから、「トロばかり注文するのはマナー違反だ」という話になる。

おそらく、この「トロばかりはマナー違反」という、寿司の世界ではある種の常識的な話と、「寿司は淡泊な白身から食べるのがいい」といった別々のエピソードをどこかで混同してしまったことで、「白身から食べるのがマナー」などという意味不明な話になったのではないか。

こういったことを信じてしまった人が、お任せコースで最初に中トロを出された時にはどうすればいいのか。おそらく「コースの場合は別です」と言うのだろう。いずれにせよ、マナーを知りたければ寿司屋に聞くのが一番だし、せいぜい強い香水は避ける、予約時間は守るといった程度のことで、食事の作法にいたっては常識さえわきまえていれば何も問題ないはずである。

〇三一

海苔を嫌がる外国人に「裏巻」寿司にはパリパリが命

外国人にとっては長年の間、謎の黒い物体であり、中にはカーボン紙と勘違いして食べるのを嫌がることもあるという海苔。築地やそれに続く豊洲へ外国人観光客が大量に押し寄せるようになった昨今では、さすがに海苔に対する拒否反応を起こす外国人も減ったとは思う。一方で、日本人の多くが知らない海苔もある。それは江戸前の代表的な海苔であったアサクサノリである。

文字通り浅草で良いものが作られたので命名されたと言われるアサクサノリは、江戸時代から食卓を賑わせてきた食材で、海苔巻などで使用されることからも寿司にとってもなくてはならないものだった。60年代末期に登場したスサビノリに比べて養殖が難しく、やがてスサビノリが主流になるにつれて、アサクサノリ自体も埋立や水質汚染などの影響で現在では絶滅危惧種に指定されている。そのため、「かつての江戸前の海苔は失われた」と嘆く昔の人も多いが、復活を目指す人もいて、

一部では期間限定ながらアサクサノリの販売を実現している業者さんもいる。

というわけで、現在流通しているもののほとんどはスサビノリとなるが、海苔独特の香りと味わいは健在である。寿司屋では軍艦巻以外にも、こぼれやすいネタを束ねるための紐代わりとして細く切った海苔が握りに巻かれる場合もある。

ところで、おにぎりで海苔が使用される場合、食べる直前に巻いてパリパリの状態がいいのか、先に巻いておいて水分を含んでしっとりしたもののほうがいいのか、日本人の間でも議論が分かれる。これは子供の頃、運動会や遠足時の弁当として親が作ってくれたおにぎりが、たいていは海苔も巻いた状態で包まれていたため、ご飯の水分を吸ってしっとりとしていた記憶が影響しているのかもしれない。

しかし寿司に使われる場合には、これはもう圧倒的にパリパリの乾いた状態であることがベストだ。そのため、たとえば細巻を作る場合も、職人には巻きの正確さとともに「素早さ」も求められる。結果、我々は食べて飲み込んだ時に鼻腔を吹き抜ける海苔の香りに、束の間、酔いしれることができるのだ。

おそらく、海苔というものに先入観をどうしても持ってしまう外国人も、この快感と海苔の持つ風味を知ったならば、寿司の持つ美食の世界観も次の次元へとステップアップし、海苔を怖がることから生まれたカリフォルニアロールなどの「裏巻」を、過去のものとして懐かしむようになるだろうと思う。

〇三三

塩漬けに醤油漬けが加わってイクラは日本に「帰化」した

よく知られているように「イクラ」という言葉はロシア語が由来であり、「イクラ」という言葉自体は「魚卵」を意味する。だからロシアではスーパーなどでもさまざまな魚卵が「イクラ」として売られている。

イクラと筋子の違いは、筋子が鮭の卵巣に入ったまま卵巣膜でつながっている状態なのに対し、イクラは膜を取り除いて卵がバラバラになったものを指す。

バラ状態での名前は江戸時代にはまだなかった。筋子にできずバラになってしまい、それを塩漬けにしたものを「鮞《はららご》」（『本朝食鑑』元禄10年＝1697）とか、「ゾロリ子」（『松前産物大概鑑』文化年間＝1804～18頃）と呼んでいた。

明治末期には、日露戦争や北方漁業の発展に伴うロシアとの交易によって、「サケの筋子をバラして塩漬けにする方法」が伝わったようで、「イクラ」という言葉の伝来もこの頃と思われる。大正期には樺太庁水産試験場で製造が始まり、昭和初

おてもと

期には、日魯漁業（現・マルハニチロ）が函館で缶入りの塩漬けを商品化している（P8）。ここで注目すべき点は、「日魯のイクラ」として単語「イクラ」が使われたことだ。おそらくはこれが、日本で「イクラ」の名が広まるきっかけだったはず。

寿司におけるイクラの使い方としては軍艦巻が一般的だが、ウニの軍艦巻が戦前に考案されたのに対し、イクラの軍艦巻の誕生は昭和30年代になるらしい。

さて、「イクラ」が当初は塩漬けが主流だったことは、ロシア製の「イクラ」もまた「サーモンの魚卵の塩漬け」であることからも当然の流れだ。時が経ち、ここに「醤油漬け」が加わったことで、イクラは「日本へ帰化」したと言えるだろう。

寿司屋ではこの醤油漬けをマイナス50度で冷凍保存することで、イクラは通年で供給できるネタとなっている。仕込みをする秋口は旬であると同時に「生イクラ」を味わえるシーズンでもあるので、多くのイクラ好きが秋を待ちこがれる。

醤油漬けのほかに昔ながらの塩漬けのイクラを出す店もある。また珍しいところでは「イクラの味噌漬け」というものも。濃厚な味わいと香りは塩漬けや醤油漬けとも異なるもので、今後はこうした違いも、もっと楽しめるといいと思う。

イクラの軍艦巻は、醤油漬け、塩漬け、味噌漬けにかかわらず、すでにイクラに味付けがしてあるため、「どのように醤油をつけようか」と悩む必要はない。そのままの状態で味わうのがいい。

〇三四

寿司の俗称「弥助」の由来は歌舞伎の「義経千本桜」

昔の人は寿司のことを「弥助」と呼んだりしていたが、これは歌舞伎の演目「義経千本桜」に由来するものだ。源平合戦で敗れた平家の残党の行く末を描いた「義経千本桜」は、延享4年（1747）に人形浄瑠璃として成立し、翌年には歌舞伎でも上演されるようになった。全五段の長い演目だが、その三段目「すし屋の段」が寿司好きの間では特に有名で、奈良県は吉野郡に今も現存する日本最古の寿司屋「つるべすし弥助」が物語の舞台となる。

この店は800年以上もの歴史を誇るだけに、寿司も当然握りではなく、天然の鮎を使った熟れ鮓だった（現在は押し寿司）。釣瓶に似た桶を使ったことで「つるべすし」と名付けられたが、「義経千本桜」でもこの桶が重要な小道具となる。

物語は、この店に下男として働く弥助が、実は合戦に敗れ落ち延びた平維盛であり、店の主人が自らの名を譲り、自身は弥左衛門と名乗って維盛をかくまっている、という設定。弥助に惚れている寿司屋の娘お里の悲恋、そして弥左衛門の息子「いがみの権太」を中心に展開していく悲劇が人気を呼んだ狂言である。

そこで歌舞伎好きの昔の人々は「寿司」と言えば「弥助」を連想し、結果として寿司そのものを弥助と呼ぶようになったのだそうだが、実際にこの演目の主役と呼べるのは、弥助よりも「いがみの権太」のほうだ。「いがみ」とは権太の性格の「ゆがみ」を指す言葉で、物語はその言葉通りに複雑に歪んだ展開を見せていく。

この「いがみの権太」を当たり役にしていたのが六代目の尾上菊五郎で、彼は大変な食通としても知られていた。子母澤寛は六代目の食通ぶりについて、「この人の食道楽は大変なもので、しかも自分で庖丁をとる。一度どこかで食べて『これあうまい』と思ったものは、きっと自分のところへ帰って来て、またそれと同じ物を拵えて食べる」(『味覚極楽』)と書いている。

新作歌舞伎「維新の次郎長」では舞台上で握り寿司を実際に握っていたというが、菊五郎夫人が六代目の思い出を語った『亡き人のこと』では「料理にしても、實に器用な方でした。たゞ、私にいつも云つてゐましたが、壽司をにぎる事だけは、大小が出来たり、うまくゆかないと云つてゐました」とある。

料理にも非凡な才能を見せた六代目だが、握り寿司だけは彼の唯一の「いがみ」だったのかもしれない。

〇三五

ネタにシャリを合わせるのか？シャリにネタを合わせるのか？

握り寿司を構成する2大要素はネタとシャリである。この2つの食材が組み合わされて1つの寿司になる。そのどちらが主役かという点には人それぞれの思いがあるだろうが、握る側がどちらを主軸に考えていたのかは時代によって変わる。

江戸時代に始まる握り寿司は、ネタの保存という作業が第一の必須要件で、結果的にネタの状態にシャリのほうを合わせていたこともあった。酢締めをしたネタの酸味を中和するためにシャリの味を甘めにした店もあったし、さらに、おぼろをかませたりして全体の味を調えることも。「吉野鮨本店」三代目・吉野昇雄さんは、関東大震災が起きる前まで行われていたシャリへの工夫をこう書き残している。

「その握りずしの特徴は、タネによって飯にいろいろまぜ物をして、つまり、汚して握っていたことである。たとえば、エビやシラウオはごく細かいもみ海苔をまぜた飯。煮イカは、細かに刻んだしょうがを飯にまぜ、印籠詰の場合はしょうがの他

に細かいもみ海苔をまぜた飯。（中略）とにかく、なんらかの方法で少しでも飯に味つけを施していたようである」（『鮓・鮨・すし―すしの事典』吉野昇雄）

震災後に大衆は新たなネタの登場を望み、冷蔵技術の発展も手伝ってネタは新鮮さが売りになっていき、シャリもそれに合わせる形でシンプルになっていった。

バブル期にネタに仕事を施す江戸前の技法が再び脚光を浴びるようになると、今度は店側が店の味と定めたシャリにネタのほうを合わせる形に業界の意識も変化していく。いかにシャリに合わせるか、というネタへの工夫が特に若手職人たちの間で試行錯誤されるようになっていったが、その代表的かつ先進的な例が、ハワイで地魚を中心に江戸前の技法を活用した「すし匠ワイキキ」の中澤圭二さんだろう。

「日本人の精神と技法をもって海外の地場にいる魚を使って握る。江戸前鮨とは、一言で言えば、シャリに合うように魚を手当すること。魚に塩をあて、昆布じめにしたり、漬けにしたり、煮付けたりする。ときに火も通す。それが新鮮な魚を単に酢飯の上にのせて出す『海鮮寿司』との一番の違いです」（『旅する江戸前鮨―「すし匠」中澤圭二の挑戦』一志治夫）。

最近では、赤酢を使った赤シャリが流行で、この味の濃いシャリに合わせてネタへの処理の仕方も多様化してきた。白シャリと赤シャリの2種類を用意して組み合わせを模索する店もあり、寿司の世界にも多様性の時代が到来しているのである。

〇三六

開けてみないとわからないから生きたウニより箱ウニ

寿司の世界では軍艦巻で知られるウニ。関西では軍艦巻誕生以前には巻物の芯として使われていたりしたそうだが、イカなどにトッピングする使い方もある。

ウニの種類で代表的なものはエゾバフンウニとキタムラサキウニの2種類がある。バフンウニは、夏場の、特に利尻産のものが最上とされ、その濃厚な味わいはかけがえのない美味だ。一方のムラサキウニは、バフンウニに比べると淡泊な味わいだが、これはむしろ「繊細で上品な味わい」と呼びたい。一般的な人気はバフンウニが高いが、ムラサキウニを好む通や店も数多く存在するのも事実だ。たいていはこの両者を状況に応じて使い分けている。

豊洲市場などでは身の色が濃く赤味がかっているバフンウニを「赤ウニ」、色が薄く白っぽく見えるムラサキウニを「白ウニ」と呼んで区別しているが、これはあくまでも通称であって正式名ではない。さらに、主として九州を産地とする、正式名称「赤ウニ」という、オオバフンウニ科だが別種のウニがあり、これが最近では全国的に知られるようになってきたので話がややこしくなっている。こちらの赤ウニは身の色ではなく、イガの色が赤いために「赤ウニ」という名が付いた。

さて、ウニはたいていの場合「箱ウニ」と呼ばれる形で流通しているが、これは業者が殻を剝いて中の身を取り出して箱に並べたものだ。寿司屋ではこの箱ウニのウニを匙などですくって軍艦にのせるか、形を崩さないように慎重に握っている。

ウニは時間の経過と共に身が溶け出してしまうため、それを避けるための処置を行っているが、そもそも生きたウニを仕入れて、それを握る前に捌けば超新鮮なウニが食べられるだろうし、実際、漁船に同乗して獲れたてのウニを食べるのが最高だ、といった声もよく聞く。

ではなぜ流通するウニは箱に並べた箱ウニが主流なのかというと、ウニが生きたままの状態では中身の善し悪しがわからないからだ。つまりウニは「開けてみなければわからないもの」なのである。

そこでウニを開き、善し悪しによって選り分けがなされ、グレード別に箱に並べられる、ということになっているのである。この「箱に並べる」という作業も熟練の技が求められるもので、それゆえ業者によっては担当者の名前のシールまで貼って出荷するところもある。

おにぎり並みの大きさだった江戸時代の握り寿司

江戸時代の寿司は今と違って非常に大きく、だから人々は2、3個つまんだら満足していた、という話もよく聞く。実際、昔の握りは大きかったらしい。両国駅前の「政五ずし」（閉店）では、江戸時代の握りを再現した「与兵衛ずし」というセットを出していて、昔の大きさの握りを体験できた。コハダやカスゴといったネタは普通の大きさだが、マグロのヅケと穴子は「昔ながらの大きさ」だ。

通常の握りの場合、酢飯の量がだいたい15g前後のところ、この再現寿司は40〜50gになるそうだ。1口目で半分かじり、2口目でたいらげるとちょうどいい具合だ。しかし明治〜大正時代には、さらなる大きさを誇る寿司屋も存在していたという。大正4年（1915）の『料理の友』（樫田十次郎）にはこうある。

「大きな寿司で有名なのは昔土橋の大黒寿司と云うのがあって二十五匁以上ずつあったそうです」

おてもと

25匁というと100g弱だから「政五ずし」の再現よりもさらに倍の大きさだ。今風に言えば「メガずし」と言ったところか。主人が秤で重さを量っていて、小さいと作り直させていたそうだ。一方で、通常の握りでさえ大き過ぎると異議を唱えた声もあった。

「自分は、うまい鮨を食わせる店というところに、ひとに連れられていって食っても、うまいと思った事は、いちどもありませんでした。大き過ぎるのです。親指くらいの大きさにキチッと握れないものかしら、といつも考えていました」(『人間失格』太宰治)。

戦前、花柳界用には芸者さんのために特別に小さく握っていたというから、太宰治が知っていたら小説の中身も少し変わったものになっていたかもしれない。

鎌倉の竹寺で知られる報国寺の近くに、古民家を利用した「和さび」という小体な寿司屋がある。ここの握りは花柳界もかくやと思える程とにかく小さい。通常の握りと比べても約6割程度の大きさである。これは、「握りが小さければ数多くの種類をお客さんに食べてもらえるから」という店主の思いが長い年月の間に形になったものだという。「茶席」ならぬ「寿司席」と銘打った店名「和さび」も当然、侘び・寂びを意識したものだ。これもまた店側の提案する演出であり、美味いだけでなく、腹も満たせるようになっているから不思議である。

〇三八

「賄賂寿司」の疑いも!? 召捕られた天保の名店

幕末の江戸に一大握り寿司ブームが巻き起こったのは「與兵衛ずし」、そして「松が鮓」の成功によるもので、寿司屋の数は1町に2軒という割合で激増したという。同じく江戸市民に愛された蕎麦屋でさえ2町に1軒という割合だったというから、いかに寿司屋の数が多かったかがわかる。

握り寿司の値段は、たいていは1つ4文であり、ネタや店の演出などに応じて8文であったり16文、24文だったりとバリエーションが広がっていった。二八蕎麦という名前からわかるように、蕎麦は一人前が基本16文（2×8=16）だった。そんな時代に、寿司1個で同じ値段なのは少々高く感じられるだろうが、実際にはもっとぜいたくな寿司が登場していた。

特に有名だったのが「與兵衛ずし」とともに握り寿司の始祖と呼ばれている「松が鮓」だ。同店では握りも扱っていたが、どちらかというと押し寿司がメインの店だったようで、三重になった重箱のセットが3両という高値で売られていたという。歌舞伎の桟敷席が1両2分だったからとんでもない値段である。

松が鮓ではほかに、寿司の中に一分銀を埋め込むといった工夫もしていたため、役人への賄賂に使われていたのでは、という説まである。一方の「與兵衛ずし」も、名声とともにぜいたくな寿司を出すようになり、1個300文という高価なものまであったという。

こうした度を超えたぜいたくな寿司は当時の幕府の追及を受けることとなった。悪名高き老中・水野忠邦が推進した天保の改革、その奢侈禁止令のターゲットにされたのである。天保12年（1841）12月26日、北町奉行所は、次のような諭達を市中に発した。

「食物商人の者へ申し聞けおくが、高が四文八文の鮓も、いつの頃にか二十文三十文に相なり、中には殊の外高価の食物を好み、身の分限を顧みず……」(『天保改革鬼譚』石井研堂)。

ファッションから娯楽に至るまであらゆる分野にまたがって断行された奢侈禁止令だったが、翌天保13年4月18日には、ついに「與兵衛ずし」と「松が鮓」も奉行所に召捕られ、手鎖50日という処分になった。

と、ここまでは割とよく知られた話で、面白いのは実はここからなのであった。

〇三九

遠山の金さんが味方した與兵衛ずしに対する刑罰

天保の改革を推進したのは時の老中・水野忠邦と、その腹心だった鳥居耀蔵だったが、実際に諭達を発し市民を取り締まった現場は、北町と南町の両奉行。そして、この時の北町奉行は遠山左衛門尉景元、ご存知「遠山の金さん」だった。

映画やドラマなどで見る「遠山の金さん」は庶民の味方だったから、こうした取り締まりは一見、金さんらしからぬ行動に見える。が、実際にはその頃にも金さんは南町奉行の矢部定謙とともにたびたび上申書を水野に提出するなど、行き過ぎた改革に歯止めをかけようと試み、極力大衆の利益を守ろうとしていた。特に、寄席や歌舞伎小屋の廃絶を目指す水野に対抗した金さんの姿は芝居関係者の共感を呼び、のちに彼を主人公とする演目が作られて大衆のヒーローとなっていく。

さて、そんな金さんが行った裁きだっただけに、與兵衛たちに対する刑も手鎖で50日という程度のものだったが、この場合、5日に1度の割合で奉行所から役人が

来て手鎖を勝手に外していないかをチェックすることになっていた。しかし、実際にはその現場の状況も意外と〝ゆるい〟ものだったようだ。

「だがその手がねがお目こぼしでゆるゆるであったから夜はそれをはずして寝た、ある夜近火があったのでそのはずした手がねを焼いてしまった、手がねを表向きははずしては遠島仰せ付けらるべきを、数寄屋橋内、南町奉行東條八太夫の情の裁きで、ゆるい手がねでは困るというのだろう、よしよしかたいのととり代えてやろうといい渡され、遠島をまぬがれたという話が残っている」（昭和16年『サンデー毎日』「壽司、鮓、鮨」樫田十次郎）

当時の南町奉行は、因縁をつけて矢部を失脚させて自殺にまで追い込んだ鳥居が務めており、東條八太夫自身は北町奉行所で遠山の下で与力をやっていたはずなので、「南町奉行」という記述は誤りだろうが、それにしてもやっぱり金さんは史実においても「町人たちの味方」だったわけだ。

この逮捕劇によって市中の寿司の値段は上限で8文までと定められたが、それもすぐになし崩し的に守られなくなったそうだ。

そして「與兵衛ずし」は、「召捕られたほどの寿司」と逆に名声が高まって繁盛した。一方で倹約令のもと、江戸では安価な稲荷寿司が繁栄するきっかけにもなったのだという。

〇四〇

つまみナシで握り寿司のみという「先祖返り」への流れ

現在、高級寿司店のスタイルで主流になっているのは、酒を楽しみながら「つまみ」を主体としたコースだ。寿司ネタを握らずに酒のつまみとして出したことで客の滞在時間は延びる。その結果、接待などで寿司屋を利用するケースが増えた。やがてつまみの中身も独自の工夫を凝らしたものへと進化していった。さらに焼き物、蒸し物、椀物など日本料理から引用できるものはいくらでもあったので、つまみのバリエーションもどんどん増えていった。店側にしても酒やつまみを出していたほうが圧倒的に儲かるから、つまみで始まり最後に握りを少々というスタイルは、あっという間に寿司業界を席巻していった。

だが、寿司屋なのに寿司をほとんど握らなくなったことに疑問を感じた職人もいた。その代表的なのが「すきやばし次郎」の小野二郎さんだ。

「つまみをやった方が楽ですし、金儲けにもなりますから、皆それやるんです。今

どこでもやってますでしょ。昨日来たお客さんなんかでも、ビール飲みながら、すしをつまみにして食べたいと。ビールを飲んでるから、すしはゆっくりにぎれって

いうことなんですね。うちはすし屋ですって言ったら、怒って帰っちゃったんです

けどね（笑）」

これは、平成15年（2003）に『至福のすし』で山本益博氏と対談した時で、まだ客の求めに応じてつまみも出していたが、その後「握りのみ」に変えている。

時代の最先端を歩む職人にも心境の変化が起きている。「すし匠ワイキキ」の中澤圭二さんは、堅苦しくなった寿司屋というものを「食を楽しめる場」に戻そうと、90年代から「酒のつまみ」を探求し続けてきたが、2018年には『旅する江戸前鮨』の中でこう語っている。

「もしかすると、いろいろなつまみに手を出さないで、ちゃんと鮨を食べに来た人と向き合い、きちんと握りに戻していくことも大事なのかもしれない、とも思ったんです。（中略）もしいま自分が日本に帰ったら、奇をてらったつまみは出さず、結局シンプルに江戸前の握りに戻すんだろうなと確信したんです」

最近銀座にオープンした「はっこく」は、約30カンの握りを楽しむスタイルが売りだ。もしかしたらこの「握り主体」という、ある種「先祖返り」のスタイルが江戸前寿司の最新トレンドになっていくのかもしれない。

地魚だけじゃない
御当地寿司の
愉しみ ［小倉］

独自過ぎる「小倉前」旨さの秘密は砂糖と唐辛子

炙る、塩を振る、柑橘類を搾る、柚子胡椒、山椒……。
使える香辛料は素材の旨さを邪魔しない絶妙な加減で加えて。

小倉駅でかつての同僚と待ち合わせ、久しぶりの再会を祝して一献傾けることになった。その前にまずは腹ごしらえをしよう、ということになって、駅前の魚町銀天街の回転寿司店に向かう。「ヒラストロ」というものを食べたが美味かった。聞くと「ヒラス」とは「ヒラマサ」のことだそうだ。所変われば魚の呼び名も変わる。だから食べ慣れたネタでも名前が違うとちょっと新鮮な気分にもなる。

違うといえば、九州では醤油が甘い。そしてこれが実に寿司に合う。九州の醤油が甘いのは濃口醤油などに砂糖などを加えてあるからだそうだが、その理由には気候の問題など諸説ある。

九州では魚介類を新鮮なうちに食べ

るのが好まれる。だが、新鮮過ぎると刺身などは歯ごたえはあっても旨味は十分には出ていない。そこで甘い醤油で旨味の不足分を補っているのだ、とも言われている。その真偽はともかく九州で食べる寿司に甘い醤油はよく合っていた。

さて、甘口の醤油が合うのだから九州の寿司ネタも新鮮さが売りのひとつだ。そして他の地方都市同様に江戸前を基本としながらも異なる進化を遂げている。

九州の寿司の中でも小倉の寿司は特に「小倉前」とも呼ばれて人気だ。戦後の混乱期を経て、保冷技術、物流の発展にともない小倉の寿司も、ネタの新鮮さが主体の海鮮寿司になっていった。しかしネタばかりが大きく、シャリとのバランスが悪い寿司はやがて敬遠され、全体のバランスが取れた寿司が好まれるようになっていった。ここが北海道とは異なるところで興味深い。そしてここから小倉の寿司は独自の道を歩んでいくことになる。

九州特産の海産物が豊富だとはいえ、切り身にして握るだけでは芸がない。そこでネタの旨味を可能な限り引き出す工夫が盛んになった。炙る、塩を振る、柑橘類を搾ってアクセントにする、柚子胡椒、山椒など使える香辛料はなんでも素材の旨さを邪魔しない絶妙な加減で加えられる、など。

一般的には「天寿し」をはじめとした同店に縁のある寿司屋などが「小倉

前寿司」の代表格として知られている。友人としたたかに飲み明かした翌日、その中の1軒、魚町銀天街に店を構える「もり田」に向かった。

七味唐辛子がネタの引き立て役として加わる小倉前。旅の者には新鮮かつ刺激的だ。店の主人、森田順夫さんは約60年前にフグの握りを初めて出した時に、常連客から「こんなものは江戸前ではない」と叱られたそうだ。それでも森田さん自身は江戸前の伝統はちゃんと守りながらも、「美味しければいいじゃないか」という柔軟な考えも持ち合わせていたため、なんとかフグの握りを美味しくできないかと考えた。

フグ刺しといえば紅葉おろしだが、握りに使うと水っぽさが目立ってしまう。そこで考えたのが一味唐辛子を適量使う、というやり方だった。

試してみればこれがピタリとハマった。水っぽさがない上に、ネタの味にも締まりがでた。以来、森田さんはネタに応じて一味と七味を使い分け、もちろん山椒などの香辛料も大胆に取り入れて小倉独自の美味しさを追究し続けている。

「まあ、わたしが（唐辛子が）好きだったから使ってみただけですけどね」と森田さんは笑うが、かつては十数種類しかなかった「もり田」のネタも、今では数十種類にまで増えた最大の理由が、美味しいものの発掘を楽しんで続けていた森田さんの探究心であったことは間違いないだろう。

さて、九州ならではの味の追究は、もちろん大衆のニーズにも寄りそった形で発展してきたものだ。その中にあって江戸前寿司の本流もきちんと伝えていきたいとする動きもある。

市街地から少し離れ、足立山の麓の住宅街にその店「江戸前鮨 二鶴」はある。店主の舩橋節男さんは家業である寿司屋を継ぐために東京に修業に。そこで本場の江戸前寿司に魅せられ、その魅力をなんとか九州の人々にも味わってもらいたいと思い、平成14年（2002）に店を受け継いだという。

ちなみに「二鶴」の暖簾にはちょっと変わったシンボルマークが染め抜いてある。これは「握」という文字をシンボライズしたもの。そして「握」の一文字の暖簾といえば「二葉鮨」の象徴でもある。そう、舩橋さんの修業先はあの「二葉鮨」の系列店なのだ。なるほど筋金入りの江戸前なわけである。

赤酢のシャリに北九州近海ならではのネタを合わせた寿司は正に江戸前の哲学によるものだ。舩橋さんは、「寿司が喉を通ったあとに残る感覚と味わいを大事にしたい」と語る。

当初はやはり地元の味とは違うということで客足もまばらだったそうだが、2014年にミシュランで二つ星を獲得してからはようやく認知され、苦労が報われたそうだ。

江戸前と小倉前、双方を擁するこの地から今後どんな新たな寿司が生まれていくのかが楽しみである。

○四一

食後に握手の機会がある人以外は手で食べてみては？

握り寿司を食べる際、箸を使うか手でつまむかは悩みどころだと思う。全体的には約7割の人が箸を使っているそうだが、寿司職人の中には手で食べてほしいと明言する人もいる。

神田「鶴八」の初代・師岡幸夫さんは、師でもあった父親の思い出とともに、握りを手で食べることの意味を、著書『神田鶴八鮨ばなし』でこう書き残している。

「お箸でお鮨をめしあがるということも、私の死んだ父親はきらいでした。手でつくっているものなんだから、手で食べていただいてけっこうなんです。お箸でお鮨をめしあがるというのは、非常にむずかしい、こちらが見ていてハラハラするのはどうもくたびれてかなわないから、手であがってください、おしぼりはちゃんとお出ししますからというようなことをズケズケ言っていたのをいまだにおぼえております」

理想的なシャリとは、周囲は堅めで内部には隙間ができる程度のやわらかさで握り、明かりに照らすとシャリを通してその先の光が見えるくらいがいい、と言われているが、それほどまでにデリケートな握りであれば、やはり箸よりも手でつまんだほうが崩れなくていいだろう。実際、そこまでのレベルに達していなくとも、箸で食べている客には、手で食べている客よりも堅めに握って寿司が崩れないようにしている店もある。

一方で、たとえば穴子や煮ハマグリなど、ツメをたっぷりと塗られた握りの場合、手でつまんだらツメで指がベトついてしまいがちな高いネタもある。そうした場合は箸を使って食べるのもいいだろう。また、いくらおしぼりが用意されていても、手で食べた場合にはどうしても魚の匂いが指に残ってしまうものだ。だから接待やデートなどで寿司店を訪れ、その後握手をしたり、手をつなぐような機会が想定される場合には箸で頂く、といった具合に使い分けるのもいいだろう。

いずれにせよ、これは自分が美味しく感じればいいのであって、強制されるものではない。ただ、作り手側にも感ずるところがあるということだ。前述の師岡さん自身も同著書で、「お鮨そのものはもっと庶民的な食べものなんですから、手でどうぞというふうに申しあげることにしています」と、カジュアルさを理由に手を使うことを推奨しているし、そのくらい気楽でいいと思う。

〇四二

魚ヘンに参＝旧暦の3月だと知ればアジの旬がわかる

日本の食卓では一般的な部類の食材のアジ。干物やフライでおなじみの魚でもあるが、名前の由来は「味（アジ）がいいから」というわかりやすいもの。漢字で書くと「鰺」で、その由来は諸説あるが、「『魚ヘンに参』なのは（旧暦の）3月が旬だから」という説がわかりやすい上に、旧暦の3月がだいたい現在の4月であることを覚えていればアジの旬の時期も同時にカバーできるので便利だ。

食材として使われるアジのほとんどはマアジで、その中でも生態の違いから黒アジと黄アジの2種類が存在する。圧倒的に多いのがエサを求めて回遊する黒アジで、回遊せずに地つきとなるのが黄アジ。黄アジが回遊しないのは、回遊しなくてもそこに豊富なエサがあるからであり、エサに恵まれた魚ほど味がいいという原則通り、黄アジのほうが美味いとされている。最近では、黒アジと黄アジの混合種も増えているようで、そのせいで黄アジの絶対数も減ってきているらしい。

似たような名前の魚にシマアジがあるが、同じアジ科ではあってもシマアジのほうが大型で高級魚とされている。が、アジであっても黄アジの上等なものはシマアジにも負けないほど美味なものもある。

寿司ネタとしてのアジは、光り物の常で鮮度が落ちるのが早く、ゆえにもとは、酢締めにしてから握ったものだったが、流通網が発展した現在では酢締めをしないでそのまま握ることが多い。店によっては一度酢に潜らせてから握るところもある。

アジの握りには、通常ワサビは使わずにおろしたショウガを使う。これはアジの場合はショウガのほうが相性がいいからで、細かく刻んだネギとともに薬味として使われる。たいていの場合、ショウガやネギはアジの握りの上部にのせて出されるが、これはショウガをワサビのように内側にかませると滑ってしまい上手く握れないからだ。ワサビの場合は、ワサビが接着剤代わりになるのだが、水分を多く含んだショウガは逆に滑るというわけである。

このため、醬油を客がつける形式を取っている店でも、アジなどのように薬味が上部にのっているものは職人が煮切りを引いて出すことがほとんどである。

逆にショウガやネギもシャリとネタの間に挟んで握る店もあるが、これは職人の腕がいい証拠でもある。高級店などでたまに見かけることがあり、当然、文句なしに美味い。

○四三

「あげ・まき」助六寿司の由来は歌舞伎十八番の代表作から

稲荷寿司と干瓢巻の組み合わせは一般に「助六寿司」と呼ばれるが、これは中央区新富町にある「蛇の目寿司本店」が名付け親で、その名は歌舞伎の「助六」に由来する。

歌舞伎十八番の内「助六《すけろく》由縁《ゆかりの》江戸桜《えどざくら》」は、市川團十郎を当主とする市川宗家にとって重きをなす人気狂言だが、歌舞伎界にとってもなくてはならない演目で、歌舞伎座さよなら公演や歌舞伎座新開場のこけら落とし公演といった特別な時に上演される重要な存在にもなっている。また、「助六」上演の際には、魚河岸から江戸紫の鉢巻が贈られるというしきたりが今も続いている。

さて戦前、歌舞伎興行には「かべす付き鑑賞券」というものがあった。これは歌舞伎鑑賞につきものだった「菓子」「弁当」「寿司」の最初の文字を合わせて「か・べ・す」と呼び、それらをセットにした鑑賞券だった。菓子、弁当、寿司はそれぞ

れ指定された店が担当して納品していたのだという。

明治5年（1872）に浅草から新富町に移転した守田座は、明治8年には新富座と名を改めた。「蛇の目寿司本店」の現当主である杉山豊さんによると、その新富座指定の寿司屋が蛇の目寿司で、この時に納入していた寿司の組み合わせがいつも、「稲荷寿司と海苔巻（かんぴょう巻）」だったのだという。

この組み合わせは無難ではあったのだが、杉山さんの義父にあたる先代の親方は、「このまんまじゃあ、芸がねぇなぁ」と考えた。

そこで先代は「助六由縁江戸桜」に登場するヒロインの名前が「揚巻《あげまき》」であることに目をつけ、油揚げを使った稲荷寿司を「あげ」、海苔巻を「まき」と見立てて「あげまき」と洒落てみせた。その上で、揚巻の間夫《まぶ》である助六にさらに引っ掛けて「助六寿司」と称して納品したのだそうだ。名前の由来としては他に、海苔巻を助六の鉢巻きに見立てた説、江戸末期の倹約令の影響だといった説もあるが、いずれも裏付けとなる証言が見当たらないので、蛇の目寿司の先代の功績としておいていいと思う。

いずれにせよ、超人気演目である助六にあやかったこの「助六寿司」という名前は大当たりで、今ではコンビニに並ぶ寿司のパックにも助六寿司があるほど浸透している。

○四四

赤シャリ、白シャリ、ロゼシャリ！そして熱いシャリの温度変化

シャリに対する注目がかつてないほど集まっている。寿司が語られる中で、常にネタばかりが話題になることに心を痛め、「シャリこそが真の主役」と自負していた職人たちにとっては、ようやく陽の当たった喜ばしい状況だろう。職人たちが機会あるごとに訴え続けてきたシャリの重要度に、大衆やメディアの意識がやっと追いついてきた証とも言える。雑誌『dancyu』は２０１８年8月号で、同号掲載の寿司店22軒のシャリだけに絞った大胆な企画を行った。伝統の米酢、流行の赤酢、それらをブレンドしたもの、米の種類、炊き方など、酢飯だけを取り上げても無数の可能性があることを示した。

現在、シャリは店によって本当に千差万別だ。米酢を使った白シャリ、赤酢を使った赤シャリ、どちらのシャリにどのネタが合うのか。完成されたシャリにネタを寄せていくのか、ネタの仕上がり具合でシャリのほうを合わせていくのか。店側の

哲学によって展開されるシャリの種類も決められていくようにもなった。

今ではさらに精度を上げた工夫をする店も出てきている。大阪・北新地の「寿しおおはた」の大畑雅達さんは、赤・白・ロゼ（赤酢と米酢をブレンドしたもの）と3種のシャリを用意し、基本的にはロゼのシャリに合わせる形でネタを仕込んでいく。しかし白身魚などでロゼの旨味が勝ち過ぎる場合は白を、逆に大トロなどネタの強さがシャリを圧倒する場合には赤を、といった具合にネタとシャリ双方向からのアプローチをすることで、両者のフォーカスがピタリと合うような寿司を実現している。シャリにネタを合わせる一方で、ネタにシャリを合わせるという選択肢を持つことで、寿司の完成度を上げている、というわけである。

シャリの温度管理はどの店も苦心するポイントだが、そこを逆手にとってコースの組み立てを考える店も出てきた。「熱いシャリ」が特徴である銀座「すし佐竹」の佐竹大さんは、「味の濃いおかずと、あったかいご飯の組み合わせが美味しい」という観点から、寿司のお任せコースを始めから考え直し、熱いシャリが徐々に冷めていくにしたがってネタの種類を変えていく、という流れを生み出した。

シャリがまだ熱い最初は脂の強い中トロ、カンパチから合わせ、平目、カツオと続く。新しく熱いシャリに交換されると、大トロに始まり、スミイカで終わる、といった具合。変化球ではあるが、たしかに新鮮な味わいである。

〇四五

2カンずつ出す店の理由は「味が2種類ある」から？

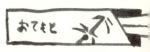

回転寿司で寿司を注文すると、一部の例外を除いては、1皿に握りが2カン盛られて出てくるのが普通だ。昭和の後期には「1カン＝握り2個」とする店もあったが、それはさておき、「なぜ2カン同時なのか？」という疑問がある。

現在、カウンターでお任せやコースで食べる寿司店の場合、たいていは1カンずつ握りがつけ台に置かれるが、以前は2カンずつ出していた店があったこともたしかだ。ではいったいこの2カンづけはいつから始まったものなのだろうか。浅草の老舗、「弁天山美家古寿司」の四代目・内田榮一さんは、著書『江戸前の鮨』で寿司業界における2カンづけの経緯をこう説明している。

「昔は、お鮨は二個づけじゃなく、一個ずつ出してました。昔のお鮨は指四本分ぐらいのご飯の上にネタがのってるから、今のお鮨の二倍から三倍はある。（中略）ところが戦後、だんだん鮨が小ぶりになっていって、一つじゃ物足りないからというお客の側からの要請で、いつのまにか、お鮨は二つずつ出すという習慣ができてきたんですね」

神田「鶴八」の初代・師岡幸夫さんは、やはり満足感という点で、たとえばマグロの握り1カンの寿司としての完成度は認めた上で、著書『神田鶴八鮨ばなし』の中でこう考察している。

「ところが、マグロのお鮨を食べた満足感という点になりますと、一つではちょっとものたりないんじゃないか、二つめしあがっていただくと、ああ、マグロのお鮨を食べたなと満足する、でも、三つでは少しくどい。だから二つがいいんじゃないか、そういうふうに思えるのです」

さらにその「鶴八」で長年師岡さんの薫陶を受け、三代目の親方となった石丸久尊さんは、『鮨12ヶ月』(石丸久尊ほか)の中でこう述べている。

「カツオはやはり背側と腹側で、カツオの美味しさを味わっていただきたい。アナゴにしても、頭の方と尾の方では味が違う。アジは上身と下身で1匹の味になります。ですから、できれば2カンずつ食べて欲しいですね」

そもそも1カンではネタの一部しか味わえないという、納得の説明をしているのだ。お任せで1カンずつ出す店でも、同じネタをおかわりした時に別の部位を出してくれる店も多い。

〇四六

葬儀の席で重宝された漬物寿司
「香寿司」の近年の創意工夫

ハレの日の食べ物として重宝される握り寿司。まとまった形の料理ではなく、好きな分だけつまめばいいという手軽さがパーティーなどでも人気な理由だが、葬儀の席でも同様な理由で重宝されてきた。

今でこそ通常と何ら変わらぬ内容の寿司桶が並べられるが、以前は葬儀の席では生臭ものは厳禁とされていたため葬儀用の特別な寿司が作られていた。

「奈良漬や味噌漬や沢庵をつけた香鮨なるものは以前から真夏でも変味しにくいから喜ばれ、法事などに用いられる。沢庵は玉子焼のように見え、奈良漬、味噌漬はちょっと魚のように見せかけてある」（昭和16年『サンデー毎日』「壽司、鮓、鮨」樫田十次郎）

こうした漬物寿司は一般的には香寿司とも呼ばれ、法事などとは関係なく、安価な寿司ということで、特に女性や子どもに好評だったようである。

香寿司は法事に用いられるくらいだから寺との相性は抜群なわけで、それゆえ精進鮨とも呼ばれて人気を博したこともあるようだ。

「鎌倉の建長寺に、精進鮨がある。門前の飲食店と茶屋とで売っている。それはいずれも握りで、種は奈良漬、椎茸、干瓢、海苔、豆腐のおぼろ、三つ葉のようなものだ。油揚げに豆腐の殻をつめた稲荷鮨も、精進鮨として頼めばこしらえてくれる。しかしこれらの種の中で、奈良漬の白瓜が、此家の特色である。（中略）精進鮨の重なる得意先は、建長寺の裏山にある半僧坊の参詣者である。それは、半僧坊に参詣する時に、生臭を食っては悪いから、こういう鮨を食うのだともいうが、あるいは普通の鮨よりもこの鮨の方が廉いところから、利用されているのかもしれない」

（『食味の真髄を探る』波多野承五郎）

時は移って現代では世界じゅうの人が寿司を楽しむようになった。そうなると当然、ベジタリアンの需要も満たさなければならなくなったが、そんな場合にこうした香寿司の歴史が役に立つというわけだ。今では老舗の「銀座 久兵衛」をはじめ、店独自の工夫で野菜の寿司のフルコースを用意している店も増えてきている。一方で、漬物の箸休めとしての役割をコースに取り入れ、たとえば大トロのような脂分の強いネタのあとの口直しとして、茄子の漬物やカイワレの昆布締めの握りを出す店もあり、これがまたいいアクセントになっている。

〇四七

江戸っ子は一度に2、3カン その理由は「眠くならないため」

江戸前寿司を食べるにあたって、「寿司なんてものはそもそもは昔はおやつ代わりのものだったから、江戸っ子は2つ、3つつまんだら勘定を済ませてさっさと立ち去ったものだ」といったことを言う人が、すし通を自認する人の中にいる。実際、昔の人はそうだったらしいし、昭和5年（1930）にその名もズバリ『すし通』という本を書いた永瀬牙之輔も、その中でこう断言している。

「『鮨は三食の外』といわれて贅沢品であり、副食品であり、簡易食物であるから、十も十五も食べて腹を作るのは野暮の骨頂である。（中略）二つ三つでは恥ずかしくて出られないとよく人はいうが、それはまだ通になり切れないからである」

戦前までの握り寿司は屋台が一般的だったことも影響していると思うが、当時の寿司が現代のものと比べて倍近い大きさだったこともこの、「2、3カン食べれば十分」という話につながっていくのだろう。

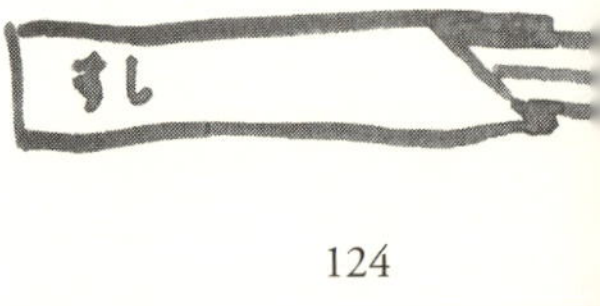

だが現代の大きさに換算しても、せいぜい6カンか7カン分だ。巻物も含め、10カンで一人前とされる戦後の基準から考えても少ない。では「江戸っ子」が少ししか食べなかったという理由は何か。それは「おやつのように食べる必要があった」からというのが真相ではないかと考えている。

「江戸っ子」について、三田村鳶魚は著書『江戸の食生活』の中でこう記す。

「今日では、江戸ッ子なるものを余程いいもののように思っている人があるが、（中略）彼等はいずれも労働をする身体であり……」

このように、江戸っ子自体が過剰に持ち上げられ過ぎではないかと前置きした上で、彼らは一様に鳶、大工、左官、棒手振、駕籠舁といった肉体労働者たちであるからとし、こう続ける。

「不相当に身体を烈しく使うものだから、うんと食っては仕事が出来ない。明治になっても、車夫は度々に食う、一度に食っては動けないといった」

つまり、腹いっぱいになっては身体が重かったり眠くなったりと仕事に支障が出るから、3度の食事も量は少なく、結果、1日に6回や7回も細かく食事をとっていたのだという。だから、現代の寿司好きは心おきなく好きな数だけ食べればいいと思うのだが、「やせ我慢」もまた江戸っ子の生きざまでもあるので、昔を真似たいのであればそれもまた良し、なのかもしれない。

〇四八

穴子はツメか？ 塩か？ どちらも旨い名店の工夫

穴子の仕込みは、醤油にみりん、砂糖などを入れて煮る。その残った煮汁にさらに砂糖やみりんを足して煮詰めることで、その店独自の「ツメ」の味ができあがる。焦げないように刷毛でかき回しながら煮詰めていくのが肝要なのだという。

多くの場合、穴子は少し茶色がかった色味のものになるが、江戸前の技法には「沢煮」という煮方もあり、薄口醤油を使ったり、あるいは醤油やみりんは使わずに酒と白砂糖だけで煮ることで、白い色味に仕上げる方法もある。

穴子といえば、マグロ、コハダと並ぶ江戸前寿司の代表的なネタだし、店には秘伝のツメの存在もある。だから、店ごとのこだわりがもっとも現れやすいネタでもあると言えるだろう。穴子にはツメが定番ではあるが、近年ではツメを塗らずに塩を振って出す店も増えた。これもまた新たなバリエーションとして定着している。

高級店ではどの店でも穴子は美味しい鉄板ネタと言っていいだろう。華屋與兵衛

の流れを汲む老舗、人形町の「㐂寿司」では、僕がツメの穴子の旨さに唸りおかわりしたら、今度は煮切りを引いて出してくれた。穴子自体の味付けに自信があればこそのサービスだった。

谷中で「下町のお寿司屋さん」として庶民的価格で高レベルの寿司を提供する「すし乃池」の野池幸三さんは、店の名物商品を穴子と定め、まさに絶品の穴子の握りを生み出して同店を成功に導いた。情緒溢れる店構えともども、ぜひ一度は味わっておきたい逸品だ。

ゴタゴタの末、ようやく移転となった豊洲市場には築地時代と同様、こだわりの飲食店が軒を連ねる。「鮨文」の穴子はボリュームがありながらもとろけるやわらかさが美味。寿司は手で食べるもの、というポリシーから箸を出さないことでも知られる「龍寿司」の穴子は店の名物でもあり、かの松下幸之助もここの穴子を目当てに通っていたのだという。「晶」は、開店当初は穴子の握りを２つに切ってツメと塩の２種類の味で出していたが、やがて塩をメインに据えた。そして煮汁に入れるみりんを赤酒に変えてからは、劇的なほっこり感がたまらない仕上がりになった。あくなき探究心が生んだ絶品の穴子である。

ちなみに、穴子１匹分の頭側の上半分は皮目を上に、尾側の下半分は身を上にして握るのが定法とされるため、両者を味わえるよう２カンづけを勧める店もある。

○四九

最後の将軍はマグロがお好き 焼き鳥「ねぎま」との関係は？

今や世界的に引っ張りだこの食材となったマグロが、江戸時代には下魚だったことはＰ30で述べたが、大衆がマグロに関心を持つようになるには、実際に食べるという味覚体験以前に、人々に伝わる風聞が必要だったはずだ。そこで当時の江戸の様子を政治から風俗に至るまで詳細に記録した『藤岡屋日記』（須藤由蔵）をひもとくと、マグロに関して〝強力な応援者〟となる人がいたことがわかる。徳川十五代、最後の将軍、慶喜公である。

慶応４年（１８６８）の１月11日、鳥羽伏見の戦いから退散し、海路で江戸に戻った慶喜公は側近に、ウナギとマグロが食べたいと申し付けたのだという。当時マグロは下魚と見なされていただけに、当然それまでにマグロが江戸城に上納されたこともなかった。

この時点で慶喜公はすでに将軍ではなかったが、江戸城の殿様だったことには変

わりはない。当時の上流社会の人々が食べるべき魚は、タイやヒラメといった白身魚というのが常識だったから、階級社会のギャップを吹き飛ばすような「江戸城の殿、マグロを注文！」というスクープが業者経由で市中に伝わっていったのも無理もないと思う。

さて、慶喜公はさっそく、納入されたマグロの正味を刺身や味噌漬けにして食べたというが、注目なのは、「あらハねぎま二致召上り」（『藤岡屋日記』）とも書かれていることだ。この「ねぎま」とはネギとマグロを具材にした「葱鮪鍋」のこと。また、ネギとマグロを煮込んで酒のつまみにしたものや、串刺しにして焼いたもの（焼き鳥のねぎまのルーツはこれ）も「ねぎま」と呼ばれていた。

「ねぎま」で使われるマグロの部位は、『藤岡屋日記』にも出てくるが「アラ」の部分であり、この場合は今で言う「トロ」の部分になる。だから今の時代にも「葱鮪鍋」を出す店はあるが、当然トロを使うことになるのでそれなりの値段になる。池波正太郎が子供時代によく食べたというが、昔はそれだけ庶民的な料理だったということだ。

その「ねぎま」を慶喜公が知っていて所望したところが、豚肉、カメラ、自転車、手芸など、新し物好きで多趣味だった慶喜公の面目躍如という感じだ。そんなわけで、マグロの普及に「最後の将軍」が一役買ったのではないかと思う次第である。

〇五〇

回転寿司は「廻らない寿司屋」に慣れるための訓練である

いわゆる「廻らない寿司屋」に対して漠然とした抵抗を感じる人がいるようで、彼らの意見を総合するとこんな感じだ。

①値段が高そうで不安　②店の雰囲気が入りづらい　③注文の仕方に自信がない

①の値段に関しては悩んでいても仕方ないので、目当ての店に電話でもして聞けばいいし、超高級店でない限り、手持ちの予算を伝えればその範囲内で店側が考えてくれるものだ。とはいえ、2番目と3番目の問題は客側の精神面の問題なので、これは場数を踏んで克服するしかないだろう。その訓練の場として最適なのが「廻る寿司屋」、つまり回転寿司屋なのだ。

回転寿司なら、皿ごとに値段も表示されているし、どの店も入りやすい雰囲気だ。そして廻らない寿司屋における最難関とも言える「カウンター」も回転寿司にはある。しかもこちらでは全然難関ではないのだ。

まずカウンターの席数が圧倒的に多い。高級店なら6席から12席程度しかないが、回転寿司なら20席から30席以上なんて店まである。それだけの人数に紛れて座れば緊張とは無縁だ。もちろん、一定の間隔で職人が客の前に立ってはいる。だが、彼らと我々との間には、回転寿司の象徴たるコンベアベルトがさながら結界のように横たわっており、我々の心の平安を守ってくれるのだ。

②の問題がクリアされたら残るは③だけだ。そして回転寿司ならネタの名前と値段がリストになって客席に置いてある。店によっては写真付きだったり、タブレットで注文できるシステムのところもぐっと増えた。客の数も多いから混乱を避けるため、注文する品を紙に書いて職人に渡す方法もあるが、ここで「まずは白身魚から」とか「いや光り物から行くべきだ」などとやかましく言う人はいない。だから好きなものを好きな順に注文すればいい。まずはネタそのものを知ることが肝要なのだから、ひたすらに経験値を積もう。箸で握りを食べるコツ、手でつまむ際のコツなども自然に身についていくはずだし、気分が落ち着いたら周りを見渡してみよう。慣れた人がスマートに食べている様も参考になるはずだ。

さて、これでたいていの場合は大丈夫だろう。もちろん、回転寿司にあるが廻らない寿司屋にはないネタもある。だが、お好みで注文できる店なら壁にネタを書いた札が下がっているからそれを見ればいい。あとは当たって砕けろだ。

○五一

「女は寿司を握るな」は偏見 昔から存在した女性寿司職人

「春は来ねども花咲かす、娘がつけた鮓ならば、なれがよかろと買ひにくる」

これは、歌舞伎「義経千本桜」の三段目「すし屋の段」の幕開けだが、ここで言う「娘」は店の娘・お里のことで、物語自体はフィクションだが、握り寿司と違って誰が作ったのかが明確でない時代に「娘がつけた鮓ならば」という価値を見いだしているところが面白いと思う。

これもまた海外の人には理解されにくい話かもしれないが、寿司の世界では長い間、女性が握ることに否定的な風潮があった。曰く、女の体温がどうだとか、香水がどうだ、髪に手をやる仕草がどうだ、といった具合に、粗《あら》を見つけては女性の寿司職人の可能性について否定的に語られてきた歴史がある。

一方で、たしかに珍しかったかもしれないが、女性で寿司を握る人は確実にいたし、こうした人たちもまた、握り寿司の歴史を支えてきたのである。

「女性でも技術面で工夫して握ったら、けっしてまずいはずがない。その証拠に、女性で男性顔負けのすしを握っている人はいくらもある。また、昔のすし屋の女房は、ほとんどが握れたものである」（『鮓・鮨・すし―すしの事典』吉野曻雄）。

たとえば、屋台店で思いのほか客が来てしまい、仕込みのネタが足りなくなってきた時など、握るのは女房に任せて、店主は家に飛んで帰って追加の仕込みをする、なんていうことも昔はよくあったらしい。中には自ら屋台を引いて商売をしていた女性の職人さんもいて、実際に昭和の初期頃に屋台店を営んでいた女性の職人さん本人に、中山幹氏が『すしの美味しい話』の中で貴重なインタビューをしている。

「女性の握り手は当時も珍しかったらしく、評判だったという。『橋のたもとで商売してるとね』と彼女はいった。『オーイ、ハナちゃんよう、出てるかようって、向こう岸から常連さんが大きな声でいうのさ。なんしろ暗い中だからね。どの屋台店が出てるかなんて、とても見えやしないよ。そんで、こっちは、ああ、出ているよう、と大声で返事するのさ』」

今時、男だ、女だ、といった前提の議論自体が不毛に思えるが、それでも女性寿司職人の可能性に懐疑的な人は、銀座の「鮨竹」を訪れてみるといい。大将の竹内史恵さんが握る、時に繊細で、時に力強い野太さを持った江戸前寿司が、カビ臭い野暮な価値観を木っ端微塵に吹き飛ばしてくれるはずだ。

○五二

笹の葉の利用は戦国時代から創業300年の名店の歴史

土産用の折詰、出前、テーブル席などで使われる寿司桶＝塗盤台に寿司を盛り込む場合には隈笹が使われる。飾りとしてだけでなく、たとえば穴子などの煮物に塗られたツメが他の寿司に移ってしまわないように、仕切りとしての役割がある。さまざまな形に切り抜いて飾り付けとして使われることもあり、かつては、出前先の家紋を切り抜いて盛り込みの上に置いたりもしていたそうだ。

さて、隈笹にはもう1つ重要な役割がある。それは、笹が持つ「防腐・殺菌効果」だ。そして、この効果を最大限に生かした寿司が「笹巻鮓」で、東京には、創業300年を経た現在も変わらずにこれを出し続けている店がある。

神田小川町に店を構える「笹巻けぬきすし総本店」は、俗に「江戸三鮨」と呼ばれる寿司屋の1つだ。ともに名を挙げられている安宅の「松が鮓」こと「砂子《いさご》ずし」、両国の「與兵衛ずし」こと「華屋」は、それぞれ明治末と昭和初期に閉店してしまっている。それだけに同店の存在はより歴史的価値が高いと言える。

赤穂浪士たちが吉良邸に討ち入りを果たした旧暦の元禄15年（1703）現在の日本橋人形町にあたる竈河岸《へっついがし》に創業した同店の寿司は押し寿司の一種で、握り寿司サイズのものを1つずつ笹の葉で巻いているのが特徴だ。

戦国時代、飯を笹の葉で包み兵糧として運んでいたことに、初代・松崎喜右衛門が着想を得て、独自の工夫も加えて、「笹巻鮓」として世に広めたのがそもそもの始まり。その後、旗本や大名屋敷などからも注文が来るようになったという。

さて、魚の骨は酢で締めるとやわらかくなって食べられるようになるものも多いが、タイの小骨だけはそうはいかないらしい。そこでその小骨を毛抜きを使って1本ずつ抜いて仕込みをする。この地道な作業に来店した諸侯らが感心し、「けぬきすし」と呼んでさらに世に評判を広めた。これがのちに正式な店名になったそうだ。

かつては、神田、深川、青山、虎ノ門などにのれん分けをした支店もあったが、現在では神田小川町の総本店だけが残っている。注文の大半は折詰の持ち帰り用だが、店内で食事もできる。

ネタは基本的に7種類あり、タイ、光り物、白身、エビ、玉子、おぼろ、海苔巻で、白身は季節によって変わる。現在の店主は実に十三代目というが、私たち客側も店を訪れ、歴史を守る「笹の葉」的な役割を果たしていきたいものである。

○五三

1シーズンで2度美味しい「初ガツオ」と「戻りガツオ」

鎌倉時代末期に吉田兼好が書いた『徒然草』によると、当時もてはやされていたカツオについて語った、鎌倉に住む老人の証言が紹介されている。

「この魚、己ら若かりし世までは、はかばかしき人の前へ出づる事侍らざりき。頭は、下部も食はず、切りて捨て侍りしものなり」

カツオなんてものは然るべき身分の人に出すようなものではなく、頭は下層の人々でさえ食べなかったということだ。マグロだけでなく、カツオもはるか昔は下魚扱いだったわけだ。

時代は下り、延宝6年（1678）には、『江戸新道』で山口素堂が来雪という俳号で、「目には青葉　山ほととぎす　初がつお」という句を詠んだように、人々は初ガツオをことのほか珍重していた。

太平洋沿岸に生息するカツオが夏とともに北上し、鎌倉あたりまで来たものが水

揚げされ江戸へ献上されたようだが、流通が発達した現代では、九州・四国近辺の初ガツオが取引されるようにもなった。それでも4月前後に三浦半島近辺までやって来た初ガツオが、脂の乗り具合も含めて本来の魅力を備えた魚体なのだそうだ。

そのまま北上を続けて、三陸沖にまで達したカツオの魚群は、秋頃には産卵を控えて食欲旺盛となり、イワシの群れを追って今度はUターンして南下し始める。こうして脂もたっぷり乗った「戻りガツオ」として再び市場へと出回ることになる。

太平洋側ではなく、日本海側に迷い込んだ「迷いガツオ」がたまに出回ることがあるが、これがまた、戻りガツオとは違った霜降り状の脂の乗りが独自の旨さのネタとして珍重されている。

カツオといえば藁で燻した高知県の名物料理「カツオのたたき」が有名だが、高級寿司店でも同様にカツオを藁で燻してから握る店が増えた。豪快に燻す様子も含めて1つのショーにしている店もあるが、香ばしさとともに、カツオ独特の血の匂いを弱める効果もある。

カツオを食す場合の薬味は、和辛子や生姜、ネギなどが定番であって、一般にワサビはカツオには合わないとされている。しかし、戻りガツオや迷いガツオの中でも特に脂がたっぷり乗ったものの場合、ワサビでも違和感なく美味しく食べられることもある。問題はそういうカツオに運良く出会えるかどうかの話なのだが……。

〇五四

煮切り醤油を引くのは店なのか？　客なのか？

寿司といえば醤油がつきものだが、寿司屋で使用される醤油は「煮切り醤油」と呼ばれる特製のものだ。これは醤油に酒やみりん、出汁などを加えて煮切り、アルコール分を飛ばしたもので、「すきやばし次郎」のように仕上げにフランベする店もある。これによって醤油の味がまろやかになって寿司に合う味に仕上がるというわけだ。高級店の多くは、つけ台に寿司を置く前に刷毛でこの煮切りを塗って提供するが、神田「鶴八」系列のように、すでにじゅうぶん味が仕込んであるからとか、最後の味加減は客に委ねたいという理由などで煮切りを引かない店もある。

握りに煮切りを引くようになったのは明治になってからのようだが、屋台店の場合には客側に丼に入れた煮切りが置いてあって、それを客たちが共用していたのだそうだ。職人側が煮切りを引き始めた理由は、本来は「醤油漬け」、つまりヅケとして味付けをしていたものが簡略化していったからだと、大正４年（１９１５）刊

行の『料理の友』掲載、「東京のお寿司」で樫田十次郎が書き残している。

「併し、それが面倒なのと難しいので今では醤油漬にする職人は少なく、大概は醤油を塗りつけるから醤油（漬）と云うのだと思って居るらしい様でお客もそれで承知して居る様です」

ことの経緯はどうあれ、握られた寿司に煮切りが引かれ、完成形として供されるのは、客としてはそのまま食べればいいのだから楽でいい。穴子などの煮物や海苔巻などは煮切り不用だが必要な場合は職人側から「お好みでおつけください」などと声がかかる。もし自分で醤油をつける場合、シャリにつけるのは論外だが、ネタによってはつけにくいものもある。「すきやばし次郎」の小野二郎さんは、『すきやばし次郎―生涯一鮨職人』の中で、「皿に添えてあるガリを数枚とって醤油皿につけ、それを刷毛代わりにして握りに塗るのです。（中略）見た目にも綺麗な食べ方ですから、女性には特にお勧めしたい」という方法を紹介している。

「弁天山美家古」の四代目・内田榮一さんは、昔の客の粋な食べっぷりとして同様の食べ方を『浅草寿司屋ばなし』にこう書き残している。

「皿の端に付けてある生姜を一寸醤油に浸し、種の上にちょんちょんとつけて、それを上手に食べた。障子の陰から見ていても、実に絵になったものである」

とはいえ、実際に真似てみたが、なかなか難しいものだ。

○五五

志賀直哉も「格段の相違」昔は屋台のほうが味は上だった？

江戸時代末期から昭和の大戦前までの握り寿司は、屋台が主流だった。「内店《うちみせ》」と呼ばれる店舗型の店は、座敷などで食べさせる高級店だったり、注文を受けて作っておく土産用の店が多かったらしい。

さて、問題なのは内店と屋台店、どちらが美味しかったのか、ということである。「與兵衛ずし」四代目の弟で俳人の小泉清三郎は、著書『鮓のつけかた』で屋台店に対して非常に厳しい論評をしている。

「魚河岸の屋台鮓は食通の寄るべき処だなどとよく素人方は話されますが、実に滑稽で魚河岸と云ふものが客の頭に先入して居るので、感情的に美味く見えるので、屋台などに依て真の鮓を要求するのは酷で、斯様な鮓通が一雨毎に殖えるかと思へば情けないやうです」

明治43年（1910）に書かれたこの本では「魚河岸の屋台」に限らず、世の屋

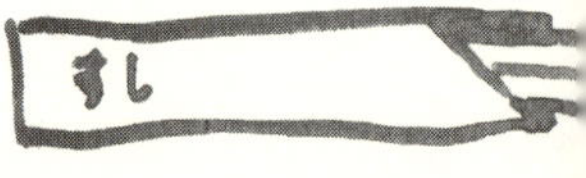

台店のほとんどを全否定しているのだが、両国に立派な店舗を構え、握り寿司の元祖を自負する「與兵衛ずし」の関係者ならではの言葉だと思う。

その10年後の大正9年（1920）に、『小僧の神様』を発表した志賀直哉は、『鮨新聞への返事』で屋台店への支持を語っている。

「先月上京して久しぶりに京橋の幸ずしを食ひ、矢張り大変うまく思つた。最初連れの都合で、中の椅子の方で食つたが、少し感服出来ず、自分だけ往来へ出て屋台の方を食ひ直すと、矢張り格段の相違で面白い事だと思つた」

この「京橋の幸ずし」は『小僧の神様』に登場した屋台店のモデルになった店だが、「矢張り格段の相違」と評しているところから、以前から屋台店のほうが内店より美味しいと感じていたことがわかる。

両者の違いは寿司そのものにもあって、内店ではシャリに刻んだ干瓢やシイタケなどを混ぜ込んだりと、手間をかけたものを出していたのに対し、屋台では現在のようなシンプルな握りだった。

「ついには昔風のすしを売っていた内店まで、屋台方式にならったすしを売らざるをえなくなってきた」（『鮓・鮨・すし―すしの事典』吉野曻雄）と解説されているように、一般大衆の評価も志賀直哉と同じだったようで、握り寿司界の方向性はこうして屋台スタイルの握りへと、一気に傾いていったのである。

〇五六

自分好みの寿司店探しを婚活に見立ててみたならば

寿司が好きな者ならば誰しも「行きつけの寿司屋」というものを持ちたいものだ。だがどうやって探せばいいのだろう。いざまじめに考えてみると、これはなかなかに難しい作業だ。もちろんもっとも重要なポイントは「味」となるだろうが、現実問題として、自分好みの寿司店探しは「婚活」と同じような難しさがある。両者を見立ててみると以下のような感じだろうか。

［ルックス］基本的に無駄な装飾を極力排した「和」のイメージの店が多いが、黒を基調としたバーのようなモダンな佇まいの店も増えてきている。いずれにせよ、ブランド臭がプンプンして近寄りがたさもある。そんな雰囲気が苦手な人には昔ながらの、和でありながらも気安く入れる大衆店もあり、こうした店はたいていの場合テーブル席も用意されている。さらに気軽に入るのなら回転寿司という選択肢もあるが、ここも、高級、大衆、激安とさまざまなランクにより雰囲気が異なる。

【性格】店内でよく声が飛び交い、まるで体育会のような活気にあふれる店がある一方で、凛とした緊張感に包まれた寡黙な店もある。これは主に「店主の性格」によって左右される部分かもしれない。頑固なラーメン屋を好きだという人がいるように、頑固な江戸前気質の親方のキャラクターに魅せられる客もいる。だからといってむやみに「怖い人」の場合は逆に敬遠する人が多くなってしまうだろうが。

【経済力】行きつけにしたいのだから店にはたびたび訪れたい。そのためには自分の財布との相談が必須だ。手頃な値段で頻繁に通うか、あえて背伸びしたぜいたくを楽しむため、織姫と彦星のように年に一度の逢瀬として高い店を選ぶか。ここは相手に何を求めるのか、という個人の価値観に左右される点だ。

【知名度】有名店かどうかを判断のポイントとする人もいるだろう。一方で知る人ぞ知る穴場の名店を求め、あるいは自分で発掘することに喜びを見出す人もいる。これも、自分自身の価値観が問われるところだろう。

【哲学】酒の種類が豊富か、ミニマムに絞り込んで勝負しているか。握りをつけ台に置く店、皿で出す店、手渡しの店など、店独自のこだわりも重要である。

とまあ、十人十色という言葉の通り、人が他者に何かを求める場合、大きな個人差があるところに難しさがあるものだが、実際の男女の関係と異なり気楽でいい点は、他の店に浮気したところでとがめられることがないところである。

〇五七

マグロ希少部位の歴史 スナズリ、ヒレ下、ハチノミ

おてもと

寿司ネタ人気ランキングではサーモンが1位に輝くようになって久しいが、サーモンが主戦場としているのは回転寿司など安価な寿司店であり、そういった店でも、本マグロのトロなどはキャンペーンでもない限りそれなりの料金を取られるもの。そう考えると、人気ネタとしてのマグロの地位はやはり不動なのだろう。しかも、マグロというネタの持つ奥深さはサーモンの比ではないのだ。

赤身、中トロ、大トロと、マグロは部位によって味が変わるものだが、その味の変化を担う要素は「脂」であり、その脂がどのように分布しているかでマグロの味は大きく異なる。そこでマグロ好きが高じてこだわりを持ち始めると気になってくるのが「マグロの希少部位」だ。

大正初期までは「はらも」と呼ばれていた大トロの中でも、マグロの頭部のカマと呼ばれる部位の大トロは特に「カマトロ」と呼ばれ特別扱いされていた。

腹部の肛門近くの部位は「スナズリ」と呼ばれる。1匹で10カン前後分しか取れないこれまた超希少な部位だ。この「スナズリ」という名は、海底の砂に身がこすれるような部位の身であることから、新宿区荒木町の「日本橋 寿司金」の親方、秋山弘さんが名付けたという。

この「日本橋 寿司金」では、さらに希少な「ヒレ下」を味わうことができる。胸びれの下の身である「ヒレ下」は一見、脂身が大トロや中トロに比べて少なく見えるが、その濃厚な味わいは唯一無二。仕入れ状況によるため運任せになるが、これに出会うためだけに通ってもいいほど価値がある希少部位だと思う。

大トロの中でも霜降り牛肉のように脂がきれいに散った部分は文字通り「霜降り」と呼ばれる。そしてさらに皮に接した裏の部分をそぎ取ったものを「皮ぎし」と呼ぶ。これは世田谷区奥沢の「入船寿司」の店主・本多克己さんが名付けたそうだが、軍艦で味わう「皮ぎし」は口の中で旨味があっという間に広がり、そして溶けていく快感に身悶えする旨さである。

なお、希少部位ではないが、こちらの店で出る、大トロに醤油漬けしたニンニクのスライスをのせた「大トロにんにく醤油」も絶品だ。ほかにも、握りで出されることはあまりないが、マグロの脳天の肉「ハチノミ」は「ツノトロ」とも呼ばれ、やはり濃厚な味わいの知る人ぞ知る部位である。

〇五八

イカの飾り包丁は横の繊維構造に対して縦に入れる

寿司ネタとしてのイカは江戸時代からあり、当時は印籠詰といってヤリイカなどを丸ごと煮て、中にもみ海苔や刻んだショウガ、干瓢、シイタケなどを混ぜ込んだシャリを詰めて輪切りにしたものが主流だったという。今でもイカの印籠詰は昔ながらの江戸前の技法として継承されており、老舗人形町の「㐂寿司」の他、銀座の「新富寿し」では子持ちヤリイカの印籠詰が名物となっている。西麻布の「寿司勇」では身のやわらかさから小ヤリイカを選んでおり、春限定で絶妙な味わいの印籠詰を楽しむことができる。

現在のように握り寿司としてイカが使われるようになったのは関東大震災後のことのようで、これも関西から流入してきた料理人たちの影響が大きかったようだ。「銀座寿司幸本店」の二代目・杉山宗吉さんは、著書『すしの思い出』の中で、「生烏賊の鮓」と題してこう書き残している。

「この鮓も大震災以後、お客様のご指示によって握り始めたのですが、しかし、初めは調理をすました烏賊をたぎった湯の中に入れ、すぐ揚げて水に浸し、冷めるとふきんで拭い、包丁でそぎ身に切って山葵を挟んで握るとか、調理のすんだ物を先にそぎ身に切り、あとは前者と同じ方法で鮓につくりました」

生のイカの寿司にはスミイカや、イカの女王とも呼ばれるアオリイカ、地域によって呼び名が違うケンサキイカなど、さまざまな種類があるが、特にスミイカの新子である新イカは秋口だけのお楽しみのネタで、新イカ1匹でちょうど1カンという大きさの握りは絶妙な美しさであり、ほんの少しの圧力で噛み切れる食感もたまらないものである。

さて、それ以外のイカの場合、細かく包丁が入れられて装飾のように仕上げられることもあるが、たいていの場合は縦にいくつもの線として包丁が入ることが多い。イカの体は筋肉が横方向に発達していてそれが体を包んでいるのだが、たとえるなら輪ゴムが積み重なるように円筒状のフォルムを形成していることになる。

だから、この輪ゴムに沿ったラインは噛み切るのも容易だが、縦方向の場合には種類によっては固さが抵抗になる場合がある。そこで縦に包丁を入れることで、歯が触れた瞬間バラバラッと口の中で身が崩れる、という仕組みになるわけだ。よく考えられているものだと思う。

○五九

志賀直哉、阿川弘之、岡本かの子 久生十蘭……寿司文学を味わう

寿司を題材にしたグルメ漫画はいろいろあるが、文学作品となると意外と少ないものだ。握り寿司が文学の世界に初めて登場したのがいつなのかは不明だが、文政13年（1830）に十返舎一九が書いた滑稽本『金儲花盛場《かねもうけはなのさかりば》』あたりなのではないかと思う。能書きを垂れる寿司屋と、「そんな難しいすしはいらないから、四文ずつのを二文にまけて下さい」と切り返す小僧のやりとりが、現代にも通じるところがあって面白い。

小僧と言えば寿司文学の代表格『小僧の神様』は必読だ。大正9年（1920）発表のこの小説は、寿司好きの志賀直哉が自身の体験をベースにして創作した。

「小僧は少し思い切った調子で、こんなことは初めてじゃないと云うように、勢よく手を延ばし、三つ程並んでいる鮪の鮨の一つを摘んだ」

屋台店におけるこのちょっとした出来事をきっかけに、秤屋の小僧仙吉が体験す

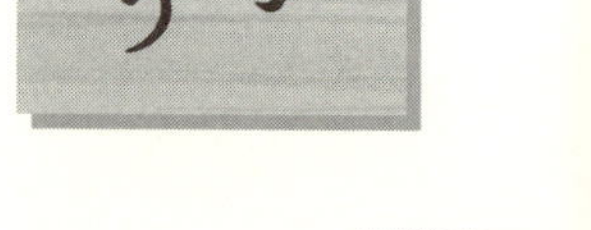

る小さな奇跡を描いた名作だ。ちなみに持ち帰り寿司のチェーン店「小僧寿し」の社名はこの小説に由来している。

『小僧の神様』は読後の余韻が何とも言えず、上質な1カンの寿司を食したあとの残り香のような感覚を味わえるが、その余韻をもう少し味わってみたい人は、志賀直哉の弟子である阿川弘之が書いた『鮨』がおすすめだ。師の作品へのリスペクトを感じさせながらも、また別の香りが残る逸品である。

タイトルが同じ『鮨』でも、岡本かの子の『鮨』は、戦前の寿司店が持つ「大人の隠れ家」的な側面を活写していて興味深い作品だ。

「お互いに現実から隠れんぼうをしているような者同志の一種の親しさ、そして、かばい合うような懇な眼ざしで鮨をつまむ手つきや茶を呑む様子を視合ったりする。(中略)鮨というものの生む甲斐々々しいまめやかな雰囲気、そこへ人がいくら耽り込んでも、擾れるようなことはない。万事が手軽くこだわりなく行き過ぎて仕舞う」

久生十蘭の時代推理小説『顎十郎捕物帳』の一編、その名も『小鰭の鮨』は個人的にもお気に入りの作品だ。江戸市中に発生した連続美女失踪事件に共通していたのは、失踪直前に聞こえたコハダの鮨売の美声だった、という不思議な出来事は、やがて人気歌舞伎俳優・坂東三津五郎をも巻き込んだ大事件へと発展していく……。軽妙な会話と早い展開が楽しい作品で、歌舞伎に翻案してもらいたいほどだ。

〇六〇

寿司屋の修業に10年は本当に必要なのか？

神田「鶴八」の初代・師岡幸夫さんが記した『神田鶴八鮨ばなし』を原作としたドラマ「イキのいい奴」で描かれたように、「寿司職人の修業には長い年月と厳しい教えがつきものである」というイメージが、長年の間定着してきたし、それは今も変わらないことだと思う。

一方で、「約10年とも言われる修業期間が本当に必要なのか」といった疑問を抱く人もいて、実際に数か月で寿司職人として独り立ちできるように教える学校もある。話がややこしくなるのは、こうした学校の卒業生による寿司店がミシュランガイドでビブグルマン（5000円以下で食事ができるおすすめレストラン）の評価を得たことで、俄然、「本当に修業は必要なのか」という議論が沸いたことだ。

この議論で問題なのは、多くの人が長い年月に対して是か非かという二者択一の答えを求めたことだろう。実際には寿司を作る基本技術だけを学ぶなら10年も必要

ではないし、それはそれで理屈としては正しい。が、寿司職人として魚の目利きや仕込み、接客や店の運営に至るまでのあらゆるノウハウをわずか数か月で習得することは不可能だ。特に長年の積み重ねによってはじめて体得できる、無意識な体の動きなどは、理屈だけでできるものではない、正に職人芸なのだ。だから前述の議論は問いの基本設定からずれていた不毛な議論だったと言っていいと思う。

ちなみに修業の最後に玉子焼きの焼き方を教わる、という点を非難する人もいたが、江戸前の薄焼き玉子はもっとも技術のいる修業の集大成とも言えるものだそうだ。「すきやばし次郎」で長年修業を積み独立し、表参道で「鮨 ます田」を営む増田励さんが、レストラン予約サイト「ポケットコンシェルジュ」のブログ記事「TOP CHEF INTERVIEWS」で答えた説明がすべてを語っていると思う。

「玉子焼きに使う山芋があるとして、上の方と下の方では粘りや味が違うんですよ。上の方の山芋で作った玉子焼きが100点だったとすると、下の方の山芋を使ったときには、同じ分量で100点にはならない。その山芋に対して、微妙に調味料の分量を変えないと100点にはならないんです。(中略)あとは、焼き時間に関しても、昨日は40分で焼けたのに今日は1時間経っても焼けないということがあるので、それを習得するには何百枚と焼かないといけないので時間がかかるんです」

玉子の出来で店の善し悪しがわかるという説も納得できる話だ。

地魚だけじゃない
御当地寿司の
愉しみ［大阪］

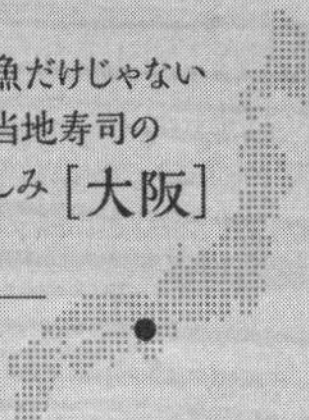

伝統には縛られない
食の都ならではの自由な気風

蒸したウナギの握り、うなぎバター　紅とろから、
合鴨カマンベール、アボカド生うにまで！

江戸時代には〝天下の台所〟とも呼ばれ、日本を代表する「食の都」としても知られる大阪。多くの観光客にとっても、大阪への旅では否応なしに「食」への期待が高まるものだ。

江戸前寿司はその名の通り江戸発祥のものだが、土台となったものは大阪発祥の押し寿司や箱寿司だ。だから大阪側から見れば、握り寿司の伝来はある種の里帰りのようなものなので、「江戸前の伝統」などと主張されたところで権威を感じるわけもない。

むしろ、「浪速前寿司」（とでも呼んでおこう）は里帰り後に、しっかり実家の家風に染まった感があり、江戸前寿司とはひと味違ったものになった。

一番の違いはシャリだろう。浪速前

のシャリは、押し寿司などと同様に昆布出汁を使うのだ。これによってシャリの味に1つコクが生まれるのだという。「寿し おおはた」の大畑雅達さんによると、関東から来た客の中には江戸前寿司の白シャリが持つ、キリっとした味こそが王道と主張する人がいるそうだが、そんなことにこだわっても関西の客は喜ばず、1カンの味の仕上げとして昆布出汁によって生まれるシャリのコクが利いてくるのだという。

では、そもそも押し寿司が江戸に伝わった際に、なぜこの昆布出汁という要素が省略されたのだろうか。前述した大畑さんによると、その理由は関東地方の水にあるらしい。

日本は全国的に軟水の地域が多いが、関東地方や沖縄などは硬水が湧くのだそうだ。そして昆布は硬水よりも軟水の方が良く出汁がとれるのだという。実際、ある昆布業者が行った、硬水と軟水を使った出汁の出具合の比較実験では、その通りの結果が出ていた。

この「出汁の出が劣る」ことがシャリに昆布出汁が使われなかった理由かもしれないが、いずれにせよシャリにコクを与えるためには赤酢との出会いまで待つことになる。

さて、「なにわ」という地名は「浪が速い」とも書くわけで、これは昔、川の流れが速かったことに由来するらしいが、川だけでなく大阪に面した海もまた海流の流れが速く、これが美味しい魚を育てる絶好の環境になっている。

その代表格はなんといっても「明石のタイ」だろう。その弾力と旨味はマダイという魚の代名詞的存在でもある。また、同じ明石のマダコもまた格別で、これにヒラメを加えて浪速前寿司の「三羽ガラス」と呼んでもいいと思う。まさに江戸前で言うところのマグロ、コハダ、穴子に匹敵するネタではないかと思う。

穴子と言えば、地方によっては、穴子ではなくウナギを握ることがよくある。たとえば、2018年、大阪丸ビルの地下にオープンした「寿し あや瀬」では、蒸したウナギの握りが出た。仕入れによって穴子とウナギは入れ替わったりするのだろうが、「穴子でなければ江戸前にあらず」といった堅苦しさはここにはない。

ウナギと言えば、大阪にはウナギの握りの上にバターをのせた、その名も「うなぎバター」という名物がある。梅田や心斎橋などに店を展開する平成8年（1996）年創業の「じねん」がその店で、値段も安く気軽に寿司を楽しめる店としていつも賑わっている。

この「うなぎバター」、その存在を知らない人にとっては100％「はぁ?」という代物だろう。実際、食べてみるまではほとんどの人が懐疑的な反応を示すネタだ。いったいなぜこうもウナギとバターが合うのか、いまだにさっぱり理解できないが、理解する必要もない。美味ければそれでいいし、「うなぎバター」は本当に美味いのである。

一見、ごく普通のウナギの握りにバターをのせただけなのに、秘密兵器を搭載したボンドカー並の破壊力を持つ。「握り寿司ならウナギではなく穴子じゃないとどうもしっくりこない」なんていう人には即死級の威力だろう。

しかし実はこの店の一番人気はこの「うなぎバター」ではなく、「紅とろ」と呼ばれるメニューだ。映画好きならば性格俳優の「ベニチオ・デル・トロ」を短くしたような名前だと思うかもしれないが、まったく関係ない。かんたんに言えば「炙りサーモン」だ。しかし、ただの炙りサーモンではないのだ。「紅とろ」で使われるのはキングサーモンであり、その中でも、脂が豊富なハラスと呼ばれる部位を使っているのだ。キングサーモンなら和名は「マスノスケ」で、今や江戸前寿司の高級店でも扱うことのあるネタだ。だから美味しいに決まっているのだが、炙りサーモンが大好物だという外国人の友人を連れていったら、美味しさのあまり本当に涙を流していたほどだった。

この店にはほかにも「合鴨カマンベール」や「アボカド生うに」といった創作寿司があり、メニューを見ているだけでも楽しむことができる。

西の都という距離感から、江戸前の呪縛から解放されやすい土地ではある。しかし、大阪の握り寿司の発展に見て取れる、ある種の大らかさとこだわりの肝は、〝食の歴史〟に裏打ちされた自由な気風、それに尽きるだろう。

〇六一

昔の王道ガラスのネタケースは大阪の寿司屋の発案で広まる

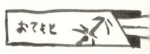

寿司屋のカウンターといえば、最近ではフラットな作りで職人の手元がよく見え、ネタは木箱に入れてそのまま冷蔵庫から出し入れするなどのスタイルを取り入れる店が増えた。高級店では特にそうなっている。

しかし高度経済成長期における寿司業界の発展を知る者にとっては、ガラス張りのネタケースこそがカウンター寿司の象徴であり、あこがれでもあった。

このガラスケースを発案したのは、大阪は日本橋「福喜鮨」の二代目・山本喜七郎さんだそうで、同店には客席とカウンターの間に小さな噴水も設置されており、これで指先を洗うことができるようになっている。

江戸前の仕事よりもネタの新鮮さが問われるようになった戦後のニーズに、このケースはぴたりとはまり、あっという間に全国の寿司屋に普及していった。そしてネタが目の前で可視化されたことによって、客と職人との間には「会話の糸口」ができた。「これは何？」「召上ってみますか？」といった具合。医師で寿司研究家としても知られる大川智彦氏は、『現代すし学』でその効果をこう評価している。「昭和20年代後半にこのスタイルが登場し、タネケース（当時は氷を敷いていた）からカウンター席の客が、旬のもの・鮮度のよい食材を選んで注文し、すし屋が客の前でそれを握って出すという演出をした。かつての江戸前ずしでは、すしは客の前で握るものではなく、すしダネに下仕事をしてあらかじめ握ったものを客に出していたので大きな発想の転換といえよう」

通を自認する人の中には、このガラスケースを嫌う人も一定数いて、「ガラスケースでは魚の旨味が減る」「冷えすぎていて握りのネタの保存には向かない」といった主張をする人もいる。だがはたしてそうなのだろうか。

現在、寿司屋のカウンター用のガラスケースは高度に進化している。温度調整も自在でケースの上側と下側の両面から冷却、湿度は約80％に保つことができる。冷却方式も氷を使ったものを選ぶこともできる。ＬＥＤ照明を採用することでネタの発色も鮮やかに見せられる上に発熱もほとんどない。ガラス自体も二重ガラスで断熱をしている。だから、実際にはガラスケースを採用していない店と機能面ではたいした差はないと言えるし、むしろ両者の違いは店側による「演出の違い」と考えたほうが公平だと思うのである。

〇六二

江戸時代に初めて寿司にワサビを使った男たち

寿司に初めてワサビを使ったのは「華屋」の小泉與兵衛とも言われるし、「松が鮓」の堺屋松五郎とも言われているが、本当のところは、それぞれが「初めてワサビを使った」のではないか、と思う。

松五郎の店は本来「砂子ずし」という屋号だが、開業当時は深川の安宅町に店があったため、安宅の松五郎の店、という意味で「松が鮓」と呼ばれるようになった。

文政13年（1830）発刊の『嬉遊笑覧』には、「文化の初ごろ、深川六軒堀に松が鮓とて出き行はれて、世上の鮓一変し」と書かれており、開業が1804年頃であることがわかる。この頃は江戸でもちょっとしたグルメブームで新しい試みが多く試されていた時でもあった。

『すし通』には、ワサビは「鯖の生臭味を消すため、文化年間に深川の松ヶ鮓で始めて使いはじめたもので」とあるが、鯖の押し寿司ならすでに江戸にはあった。だ

から、松五郎の工夫は、鯖の押し寿司には普通は使わないワサビを使ったことなのではないか。のちに酢飯の中に一分銀を混ぜるなど、ぜいたくな寿司の代表格にまでなったが、名を売ったきっかけはワサビだった可能性が高いと思う。「松が鮓」は「與兵衛ずし」が甘口で知られていたのとは対照的に辛口で有名だったそうだが、赤酢の與兵衛に対して押し寿司が本流だっただけに、米酢を使っていたのは間違いない。だが、それだけで「辛口」と呼ばれるのも変なので、ここにワサビの辛さが要素として加われば、「辛口で有名」「世上の鮓を一変」といった評価にも納得できる。

さて、桶売りから屋台売りなどを経て、文政7年に晴れて店を構えることになった華屋與兵衛は、当初からワサビを使っていたわけではなかったようで、薬味としては和辛子や蓼などを使っていたらしい。食品研究家の河野友美が、『改訂食品事典〈1〉こくもつ』で、天保の改革の時のことをこう書いている。

「約200人ほどが高い寿司を売った罰で手錠をはめられたという記録が残っている。(中略)禁がとかれると与兵衛たちはますます繁栄した。魚の生ぐさみを消すためにワサビを使い出したのもこのころである。それまではカラシであった」

與兵衛も少し遅れてワサビを使い始めることになる。つまり、広い意味で「寿司」に最初にワサビを使ったのが松五郎で、「握り寿司」に最初に使ったのが與兵衛、ということが真相なのではないかと考えるのである。

〇六三

江戸前寿司にはなぜサーモンはなかったのか？

江戸時代、握り寿司の始祖・華屋與兵衛は、寿司ネタの花形はヒラメやタイだと断言し、マグロなんぞは一流の店が扱うものではないとしていた。昭和期になり北大路魯山人は、マグロこそが江戸前寿司の中心であり、マグロがなければ江戸前寿司は形成されないとさえ断言していた。しかし平成の今、もっとも人気の寿司ネタはサーモンになった。

大手食品会社マルハニチロが、２０１７年に関東・関西で行った回転寿司に関する消費者実態調査によると、「どこで寿司を食べるのか」という質問に74・4％もの人が「回転寿司店」と答え、もっともよく食べるネタは「サーモン」という結果が出ている。サーモンのトップは6年連続だそうで、他社のアンケートでもサーモンは圧倒的な強さを誇っている。一般に寿司屋で「サーモン」と呼ばれるものは、ほとんどがノルウェー産のニジマスやアトランティックサーモンである。「マス」

と名が付いているが、マス自体がサケ科の魚なのでマスとサケは親戚のようなものだと思っていればいい。同様に「キングサーモン」の和名は「マスノスケ」で、北海道では「オオスケ」(大助)とも呼ばれる。マスノスケは寿司ネタとしては高級なネタで、最近では都内の高級店でも扱っている。

さて、日本人の食卓には鮭はなじみ深いものなのに、寿司ネタとしての印象はあまりない。実は日本で「鮭」として食用に使われる魚の多くは「シロザケ」と呼ばれるもので、江戸前寿司ではあまり使われず、むしろマスのほうがよく使われていた。とはいえ、まったく鮭が使われていなかったかというとそうでもないようで、浅草「紀文寿司」の関谷文吉さんは、『魚味礼讃』でこう書き残している。

「笊《ざる》に並べたサケの切り身にうっすらと粗塩で雪化粧させて、冷たい所に一晩寝かせるのです。水にぬれたサーモンピンクの切り身の様相は、一夜のうちに透き通るように際だった深い紅色になってきます。そこで、さらに二、三秒、酢のなかにくぐらせてから笊に上げ、酢を切ります。このようにしてつくったサケで握ったすしほど、昔の味わいを想い起こさせてくれるものはありません」

例によって頭の固い人からは「サーモンなんて邪道だ」と言われるかもしれないが、サーモンが欧米人にもなじみ深いという事実と、SUSHIが国際化していく背景も考えると、その人気は当分揺らぐことはないはずだ。

〇六四

藁《わら》の櫃《ひつ》入れや湯煎……シャリを人肌に保つための職人の闘い

握り寿司におけるシャリの役割は重大なものだが、中でもその温度には、どの寿司職人も細心の注意を払っている。基本的にシャリの温度は人肌に近いものがもっとも良いとされているが、近頃では「寿司屋に行ってカウンターで出された寿司を食べたらご飯が生ぬるかったので気持ち悪かった」なんて人がいるそうで驚いてしまう。これはスーパーなどで売っている冷蔵保存されたパックの寿司が寿司の基本形として刷り込まれている人なのだろう。

握り寿司のシャリに温かさが不可欠であることは、かなり以前から寿司好きの間でも常識であり、昭和4年（1929）発行の『東京名物 食べある記』にも、こんな記述が残っている。

H「まぐろのめしが冷たいぜ。握り置きをまぜやァがった」 M「ほんとだ。けち〳〵するねえ」

とにかくシャリの温度を極力一定に保つために、どの寿司店もありとあらゆる手段を使って工夫しているものだ。店の開店時間に合わせてちょうどいい温度に下がるのを見越して炊飯するのはあたりまえで、藁で編んだシャリ櫃入れ（藁いずみ）を用意し、さらに毛布で覆って温度変化を最少限に保つ工夫をしたり、藁いずみの中に、お湯を入れて縛ったビニール袋を置いて湯煎代わりにしている店もある。

すべてのシャリを1つのシャリ櫃に入れておくと重みで下のほうのシャリが潰れてしまうので、握る時に必要な分だけ小分けにして厨房からつけ場へ届けさせるやり方も一般的である。つけ場に立つ親方が厨房に向かって、「シャリください」と声をかけている場面は、カウンターで寿司を食べたことがある者なら誰もが目にしたことのある光景だろう。

シャリが冷えてくると新しいシャリと交換されるのだが、たとえば「銀座　久兵衛」では、交換した冷えたシャリをお土産用に握るシャリとして使用するのだそうだ。お土産用の場合、食べるまでに時間が経過するため、人肌のシャリだとその温度がネタに影響を与えてしまうからだという。なかなか合理的である。

2018年、阿佐ヶ谷から日比谷に進出した「鮨なんば　日比谷」の難波英史さんは、「温度」をもっとも重視していると宣言している。シャリだけでなくネタ自体の温度にも気を配り、両者が合わさることで実現する究極の寿司を目指している。

○六五

コハダの新子は寿司職人の意地 キロ8万円もの値がついたことも

池波正太郎は3年連用の日記を愛用しており、日記を新調した際には、季節ごとに欠かさずに食べておきたいものを記入しておくことを習慣にしていた。そして8月1日の項にはどの年にも「八月三十日前後、コハダの新子」と記していたという。池波氏がこう書き記しておくほど、寿司好きにとってコハダの新子は特別なネタだが、寿司職人にとっても特別な存在なのである。

出世魚であるコノシロの幼魚であるシンコは、数センチの大きさしかないため、そのままでは握りのネタにはならない。そこで2枚づけや3枚づけで握られることが多い。時期としては6月から8月に入荷するのだが、新子が市場に出回る時期は年々早まってきているようで、昭和5年（1930）、永瀬牙之輔は『すし通』に、「東京湾の鰶《このしろ》は、毎年春から夏にかけて産卵するが、秋になるとそれが一寸五分ぐらいの新子となって市場にあらわれてくる」と書いているので、当時は秋が新子の

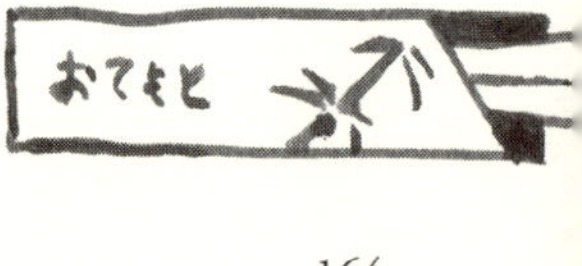

シーズンだったことがわかる。

一方、池波氏が日記に記していたのは80年代前半のことで、この頃には8月には新子が出回っていたことがわかる。氏が8月末とわざわざ書いていたのは、その頃ならスミイカの新子である「新イカ」も同時に楽しめるからである。

別の理由から新子の登場が早まっているケースもある。初モノ好きの客向けに5月ごろから市場に出回る、さらに小さい新子を使って7枚づけ、8枚づけで出す店もある。ここまで身が小さいとコハダの魚の味とはまた少し違った感覚のものになるが、それもまた新子ならではのありがたみというものなのだろう。

こうした新子フィーバーの影響をもろに受けるのが寿司屋の台所だ。通年で流通するコハダは、おおむねキロで1000~2000円で取引されるが、これが新子となるとキロで万単位の値がつく。過去にはキロで8万円もの値がついたこともあるが、これはもう異常事態だと言えるだろう。それでもコハダが江戸前寿司の代表格であるだけに、その新子となればいくら高値であろうとも仕入れないわけにはいかない。もはや寿司職人としての意地の領域になっているのである。

だからマグロの大トロと同様に、新子も寿司屋にとっては「儲けなし」のネタなのである。大トロと違って1年で限られた時期にしか出回らないネタだが、その喜びは多くの人と共有するのが気持ちのいい新子の楽しみ方なのだと思う。

〇六六

イケメン坊主に売らせたいのはコハダか？　稲荷か？

昭和9年（1934）に新聞連載が始まった三上於菟吉の時代小説『雪之丞変化』にこんなくだりがある。

「ホ、ホ、ホ、上手だねえ、頭を丸めている癖にさ。あんまりうまい口ぶりを聴いていると、一そ還俗させて、こはだのおすしが売って貰いたくなるってネ」

囚われの身となり密室にいた軽業のお初が、張り番をしている破戒僧、島抜け法印が寝酒をすすめてきたのに乗じて世辞を言って油断させる場面なのだが、ここでお初が言及する「こはだのおすし」とは、安政年間（1854〜60）に流行した次の都々逸に由来するものだ。

「坊主だまして還俗させてこはだのすしでも売らせたい」

江戸時代、出家した若い坊主にはイケメンが多かったので、もったいないから還俗させてそのルックスと美声で、当時から粋と言われた「コハダの寿司売り」でも

させたい、というような意味だ。お初はそれを法印になぞらえて洒落てみせ、法印もまんざらでもなく調子に乗る、というわけである。実はこの歌には元歌があり、そもそもそれはコハダではなく稲荷寿司を詠んだものだった。

「坊主だまして還俗させて稲荷鮨でも売せたや」

幕末に江戸の古書店主、須藤由蔵が書き記した『藤岡屋日記』にこの狂歌の記載がある。曰く、弘化2年（１８４５）の10月に稲荷寿司が流行し、価格は1個8文。暮れ時から夜にかけて人の往来の多い辻々で売られ大繁盛し、件の歌も流行ったのだという。

天保の改革によってぜいたくな握り寿司に規制が入り、上限で1個8文という値段まで奉行所に指導された中、稲荷は安さで人気を得たから、ここで言及されている8文の稲荷寿司は現在のような俵型ではなく、棒状の長細い「1本で16文」のものを、屋台では半分に切って8文で切り売りされていたのだろう。

しかし、当時の稲荷寿司は超低価格だったため、見栄っ張りの江戸っ子は夜になってからこっそり辻で買っていたともいい、それを売る稲荷寿司屋が「粋だった」という話も残っていない。だからこの歌の本来の意味は「男色に絡めた露骨に卑猥な歌」だったもので、のちに誰かが稲荷寿司をコハダの寿司に詠み変えて健全なものにしたのではないかと推察する。

○六七

冬は大間、夏はボストン……旨いマグロは空輸で世界じゅうから

マグロの旬は秋口から始まり、冬にピークを迎えて初夏あたりまで続くが、やはり真冬に食べるマグロが圧倒的に美味い。

ここで言うマグロはクロマグロのことで、一般には本マグロとして知られている。クロマグロの稚魚は「メジ」と呼ばれ、これが大きくなると「チュウボウ」になり、さらに成長して成魚になると「シビ」と呼ばれる。マグロには、クロマグロのほかにも、ミナミマグロ、メバチマグロ、キハダマグロ、ビンナガマグロといった種類がある。スーパーなどでパックで売られるマグロの切り身は、特に記載がない限り、たいていはメバチマグロである。

クロマグロに話を戻すと、江戸前寿司では銚子沖や宮城県の金華山沖で獲れたものを指していたが、物流の発展と共にさらに北方のものが出回るようになった。新橋で「第三春美鮨」を営む長山一夫さんは、平成5年（１９９３）の北海道南西沖

地震がマグロ漁に大きな変化をもたらしたと指摘する。

「北海道南西沖地震は、松前、天売、焼尻の好漁場に大異変を生じさせた。（中略）マグロ漁は壊滅状態となり、代わって津軽海峡が晩秋から冬季にかけて最大の漁場となっていった。特に下北半島最北端に位置する大間漁協の一本釣り漁、延縄漁によるシビマグロは、旬真っ盛りの鮮烈な香りと鮮やかな色調と共に、たっぷりとしたトロの甘みと旨さを湛え、シビマグロの最高峰として一躍有名になり、すし通達の人気の的となった」（『増補 江戸前鮨 仕入覚え書き』 長山一夫）

今や「大間のマグロ」と言えば一般人でも知っているほど有名なブランドになっているが、その背景に地震まで関係していたとは驚きである。もちろんそれ以外にも大間漁協の人たちによる研究や努力によって「美味いマグロ」の状態が保たれるようになったことが現在の隆盛を支えていることを忘れてはいけないだろう。

さて、夏になるとかつては「マグロなんて食えたもんじゃない」なんて悪態も聞こえたものだ。しかし、1960年代から盛んになった遠洋漁業による冷凍マグロの発展、80年代に登場した、ボストン沖で獲れる数百キロ級の生鮮ジャンボマグロの空輸は、「マグロは近海もの」という常識を覆すと同時に、「夏のマグロ」を補塡する存在として欠かせないものとなった。現在ではボストンのほか、カナダ、ノルウェー、地中海などからも、マグロは空を飛んでやって来ている。

〇六八

厚焼き？　薄焼き？　玉子焼きは店の物差しなのか？

寿司屋の〆の一品として玉子焼きは定番中の定番だが、いったいなぜ寿司屋で玉子焼きが出されるようになったのかは定説がないそうだ。個人的な推測を言わせていただくと、握り寿司の始祖の1つに数えられる安宅の「松が鮨」では、海苔の代わりに薄焼き玉子を巻いた伊達巻寿司がぜいたくな寿司として評判になっていたことから、他店も、そこまではできないまでも、玉子の寿司を1つ加えることで大衆のニーズに応えようとしたのではないかと思う。

いずれにせよ、江戸時代から大正期まで、江戸前寿司に使われた玉子は薄焼き玉子で、柏餅のように焼いた玉子で酢飯を包み込んだ「柏づけ」や、厚めに切って真ん中に切り込みを入れて握った「鞍掛け」といったバリエーションがある。

この薄焼き玉子は、芝エビや白身魚のすり身に山芋、砂糖などを加え弱火でじっくりと焼き上げるものだが、その味わいはまさにカステラのように甘露なもので、

実際、江戸前寿司初期には「カステラ焼き」と呼ばれていたそうだからデザートの役割だったのだろう。

関東大震災後、関西料理の板前たちが流入してきたことで、寿司屋で出される品々にも変化があったが、薄焼き玉子に替わって厚焼き玉子を出す店が増えたのもこの影響だ。現在では薄焼き玉子を出す店のほうが少なくなったが、厚焼き玉子でさえ、河岸で売られている玉子焼き専門店が焼いた、いわゆる「河岸玉」と呼ばれるものを使う店が主流になっているそうなので少し寂しい気もする。

逆に言えば、厚焼きにせよ薄焼きにせよ、自分の店で焼いている店には、その店なりの誇りと哲学があると言えるだろう。かつて、寿司屋の力量を見極めるには、その店の玉子を最初に食べるのがいい、などといううんちくが広まったことがあるが、それに対する答えは「銀座寿司幸」二代目の言葉を借りて〆としたい。

「卵の鮓を、おいしく食べさせるような店ですと、他の鮓にも心がこもっておりますから、まずいはずはないわけです。しかし召し上がる方のお口に合う合わない場合もありますから、あながち卵の鮓がおいしくないからといって、他の物までまずいとは限らないのです。だが、どなた様にもまずいのでは問題外です。まあ、信用のある店でしたら、無理に卵の鮓を、召し上がらなくてもよいと思います」(『すしの思い出』　杉山宗吉)

〇六九

魯山人の厚切り提言も無視した久兵衛の「一刻者魂」

「煙草屋は娘、魚屋は若い衆、鮨屋はおやじが看板である。なかでも鮨屋はおやじが看板どころか生命なのである。（中略）名のある鮨屋のおやじの多くは『いっこく者』である。いっこくを売物にしているのではないかと思うくらいにいっこくである」（昭和5年『すし通』永瀬牙之輔）

昭和初期の段階ですでに、寿司屋にとって店主自身がある種の〝商品〟だという認識がなされていたことがわかる一文である。ここで永瀬牙之輔が言う「一刻者」とは「頑固で自分を曲げない人」を指す言葉で、いかにも江戸っ子が好みそうなキャラクター像だし、実際、昔は良くも悪くも「いっこく者な寿司屋のおやじ」は多かった。たとえば「銀座 久兵衛」の初代・今田寿治さんのことを、北大路魯山人は、随筆『握り寿司の名人』でこう書き残している。

「彼には彼の寿司観があって、結局まぐろはそう大きく切るものではない、という先入観を信念として、魚の切り方には、彼の気骨にも似ず貧弱な切り具合が見られる。（中略）ある時寿司台の前に座す客が、彼に『もう少し厚く切ってくれ』と希望をいった。彼は『寿司ですからね』といい切った光景を私は隣席で見たが、遂に彼は改めなかった。まぐろというものはむやみに厚切りするものではないという彼の信念が表われていておもしろい」

魯山人は「私は隣席で見たが」と書いているが、件の要求を断られた客が魯山人その人でケンカになりかけたことは有名な話だ。魯山人は「倍くらいの厚さにしたほうがいい」と主張したのに今田さんが信念を曲げなかったことをネガティブに書いているのだが、僕は逆にこのエピソードは寿司職人の気質を表す好例だと思っている。魯山人はたんなる食通ではなく、自身も包丁を握るし、盛り付け用の器を探すうちに自身が陶芸家としても名声を得た人物だったが、この時の彼は客であり、今田さんはいわば自分の店の商品を演出する責任者だったわけだ。そして、魯山人の進言は「久兵衛」という舞台の演出には合わないアイデアだったため、演出家としての今田さんがスルーした、というだけのことだ。

しかし、相手が誰であれ揺るがない信念を持っていることが「一刻者」たる所以であるし、「銀座 久兵衛」に限らず、多くの職人たちがこうした気持ちを持ち続けたことが、寿司文化が生き残った一因でもあると思う。

〇七〇

ミシュランなど海外のガイドは寿司に関しては信頼できるのか

２００７年11月にミシュランガイド日本版が初めて刊行された時にはさまざまな論争が巻き起こった。「外国人に日本の料理の味がわかるのか」「掲載対象地域が狭い」「たいした店じゃないのに星が付いた」と否定的意見もあったが、結果30万部のベストセラーになった。現在では調査員も全員が日本人となり、対象地域も拡大し、何よりも当初の熱狂が落ち着いたことで、反発も落ち着いてきたようだ。

よく知られているように、ミシュランはフランスのタイヤメーカーだ。だからこのレストランガイドも、「旅の手引き」としての位置付けが強い。実際、本を開いてみると、そこには料理ジャンル別に店が掲載されているのではなく、地域別に分類されていることに気づくし、それこそがミシュランガイドの立ち位置なのだ。

肝心の店の紹介も実は最低限の情報しか掲載されていない。それ以上の驚きや楽しみは「ご自身で体験して味わってください」という、あくまでも「ガイド」に徹

した姿勢を見逃してはいけないと思う。

だから、店のセレクションもミシュラン独自の価値観があっていいし、たとえば蒲田の「初音鮨」のように、それまで誰も取り上げていなかった店が〝発掘〟された例もあるので、専門のトレーニングを受けた調査員の能力も評価したい。

旅行者のための手引きがミシュランならば、プロの評論家によるレストランガイドが『ゴ・エ・ミヨ』(「ゴーミヨ」とも呼ばれる)である。

ミシュランと並んでフランスでは権威あるレストランガイドとされている『ゴ・エ・ミヨ』は、料理評論家のアンリ・ゴーとクリスティアン・ミヨによって、1972年に創刊され、2017年に日本版が発刊された。

こちらは純粋にレストランへの評価を主体としているため、掲載店に掲載料を要求しない代わりに自由な批評を行っており、時として厳しい意見も載る。また、店の値段にかかわらず、シェフの才能を見出すことにも重きを置いているため、同書で発掘された名シェフも多い。ミシュランが3つの星で評価を表すのに対し、ゴ・エ・ミヨが5つのコック帽(トック)で表しているのもそのためだ。

いずれにせよ、ここで挙げた2つの書籍は、「正しい」「正しくない」といった観点で語られるべきものではなく、我々にとっては店を選ぶ上での1つのきっかけに過ぎないことを、念頭に置いておくべきだろう。

〇七一

昔の寿司は堅く握られていた楊枝で刺して食べた

寿司は箸か手で、というのが現代の食べ方だが、戦前には楊枝で食べることもあったという。これは、歌舞伎見物などの芝居小屋での話だ。

「茶屋から見物した客には幕の内（辨當《べんたう》）の代はりにちらしを取つて、昼後《ひるすぎ》に今と同じく鮓を侑《すす》めたのです。其鮓《そのすし》は今のやうな鉢盛に玉子、海苔巻、鮪、小鰭《コハダ》等で、長手の楊枝を挿した工合は昔も今も変りはありません」（明治43年『鮓のつけかた』小泉清三郎）

ここで言う「長手の楊枝」は、現在の妻楊枝よりも長くて太い10センチ前後のものだ。昔の寿司は現在の握りの倍ぐらいの大きさで、しかもネタとシャリがガッチリと堅く握られていたそうなので、楊枝で刺してかじることができたのだろう。江戸前寿司なので当然、ネタにも仕事が施してあるし、この場合シャリにも、刻んだ海苔、干瓢、シイタケなどが混ぜ込んであったと思われる。

映画監督の伊丹十三は、著書『女たちよ!』で、昔の話として「妻楊枝を使って寿司を食べる客」について書き残している。その客は、職人を困らせるために煮汁を含んでシャリが崩れやすくなる煮ハマグリをわざと注文するのだという。「こういう時は、ご飯のほうをいつもの何倍という力で一瞬キュッとしめるのだぞうな。そうして堅くにぎったやつに、たっぷりおつゆのついた蛤をのせる。のせるやいなや電光石火、一瞬のうちに台の上において、あとは涼しい顔をしている。この場合、職人の責任は台にのせるまで。あとは黒文字でもって、そのすしをいかに器用に食べるか。これは客の責任ということになっていたそうである」

「黒文字」とは楊枝を意味する隠語で、これは室町時代の女房詞に由来するものだ。いろいろな言葉に「もじ」をつけることで言葉の印象を上品にするというわけ。寿司は「すもじ」、お目にかかることを「お目もじ」、空腹だという意味の「ひだるい」に「もじ」がついて「ひもじい」など。

楊枝の場合は黒木というクスノキ科の落葉低木を加工して作られ、これを「黒楊枝」と呼び、転じて「黒文字」となった。『木の名の由来』(深津正、小林義雄)によれば、この木の名前も黒文字由来で「クロモジ」という和名になったようだ。現在では高級品となり、特に茶道において和菓子を食す際に用いられる。さすがに握り寿司だと黒文字不要だが、押し寿司だったら場合によっては使えるかもしれない。

〇七二

蛇の目寿司の海苔巻が江戸城無血開城の立役者!?

助六寿司の発祥が、新富町の「蛇の目寿司本店」であることはP116で記した。が、この店にはもう1つ歴史的な逸話がある。

慶応4年（1868）、鳥羽伏見の戦いで勝利した西郷隆盛率いる官軍は勢いに乗って東進し、江戸城への総攻撃を目指して進撃を続けていた。一方、それを未然に食い止めようとしていたのが幕臣の勝海舟である。彼はまず、山岡鉄舟を派遣して西郷との直接交渉の下地作りを進めておいた上で、3月13、14日の両日、高輪の薩摩藩邸での、勝との会談に赴いた。

結果、15日に予定されていた江戸城総攻撃は中止され、無血開城が実現。江戸が焦土となることなく、人々の無駄な血が流れずに済んだ。そしてこの時に2人が食べたのが、「蛇の目寿司の寿司だった」というのである。

「蛇の目寿司本店」の当代・杉山豊さんによると、残念ながらことの詳細を記した資料などは関東大震災などによって失われてしまったのだそうだが、先代の女将さんが、件の寿司は「海苔巻だったと思う」と言い残していたのだという。

何かほかに資料は残っていないか探してみると、大正12年（1923）発行の『西郷公手抄言志録解詁』に、西郷に従っていた老僕・永田熊吉の証言が掲載されており、その証言の中に、「勝・西郷会談における寿司」に関する記述が残されていた。会談がうまく運び、翌日の官軍による攻撃が取り止めと決まったあとの話である。

「其時、勝さんの懐中が大変膨れていますから、何が入っているのだろうと怪しんで見ていましたが、談判が済みマスト、勝サンは懐中から風呂敷包みを出されましたので、皆んなが何だろうと目を注ぎました。スルト勝さんは笑いながら風呂敷の中から竹の皮包を出し中を開けますと、上等の握鮨でアリマシタ。それを主人の前に置き、是れは少しダガ陣中の御見舞ダと申されましたから、主人始め私まで悦んで喰べマシタ」

この時の寿司は「出前されたものだ」という説もあったが、記された熊吉の証言どおりならば、勝が店で注文してテイクアウトしたということで間違いないはず。「蛇の目寿司」先代の女将さんの証言も根拠がないとは考えにくいので、勝が持参した竹の皮包の中には、握りと一緒に海苔巻もあったのではないかと思う。そのほうがみんなでつまみやすかっただろう。

○七三

ヒモ付きの美女・赤貝と銀座ママの「マウンティング」

寿司ネタを女性にたとえるのははばかられるが、赤貝だけは「絶世の美女」という表現を使ってみたいネタである。なにしろ握りの姿がいいし、左右対称な朱色の身の中央にワサビがそっと置かれたさまなどは、まるで握り寿司が宝石をまとったようにも見えるのである。

昔は江戸前、つまり東京湾で最上級の赤貝が獲れたそうだが、現在では絶滅してしまったので、使われるネタは「旅のもの」となる。中でも宮城県の閖上《ゆりあげ》産の赤貝は最高とされ、江戸前の赤貝にも匹敵するほどの味の良さだという。最近では国内各地で獲れる赤貝も閖上に比肩するほど質が上がってきているものもあるそうだ。

昔は殻を剝いた身を酢で少し洗ってから握ったそうだが、今ではそのままの新鮮さで出す店も多い。口にした途端にパァーッと広がる磯の香りと旨味はかけがえのないものである。

赤貝と言えば、作家で俳人の久保田万太郎の話が有名である。昭和38年（1963）5月、久保田は洋画家の梅原龍三郎邸で催された宴席に、文化人10人余りとともに招かれる。その席で赤貝の握りを勧められ、これを喉に詰まらせて死んでしまうのである。久保田は美食家として知られてはいたが、生ものはあまり好きではなかったらしく、赤貝もふだんなら口にしなかったのだそうだ。それでも食べた理由は、周囲に気を遣ってのことだったという話もある。

赤貝では、身よりも縁と柱からなる「ヒモ」のほうが好きだという人も多い。身よりもさらにコリコリとした食感はヒラメのエンガワに通じる旨さとありがたさがある。見た目はそれほど美しいわけではないので、戦前は屋台店でしかお目にかかれない通なネタだったそうだ。

ヒモは、握りにもできるが、キュウリと合わせた細巻の「ヒモキュウ」が人気である。バブル経済真っ盛りの頃は銀座のお姉さん方が寿司店で競うようにして、「ねえ、ヒモキュウちょうだい」「あ、わたしもヒモキュウ」「わたしもヒモキュウ！」と注文していたそうだ。しかし中には「あら、そんなの飽きちゃったわ」とばかりに、「わたしは、ヒモタクにするわ」と言って、キュウリの代わりに沢庵を巻くように頼むママさんがいたりしたとか。赤貝のヒモをめぐる、女同士のさりげない「マウンティング」がくり広げられていたようである。

〇七四

マダイ、マグロ、カワハギ……養殖技術の進歩に目を見張る

昭和36年（1961）公開の映画「赤穂浪士」には、浅野内匠頭の領地・赤穂から「マダイの浜焼き」が届く場面があったが、映画の小道具として天然物を揃えるのは難しかったのか、残念ながら登場したマダイは、魚体が黒い「養殖のマダイ」だった。

マダイは海の深いところでエサを食べるため、紫外線などの影響も受けずに鮮やかな赤い魚体だが、養殖のマダイは海面近くで育てられるために日焼けして真っ黒になってしまう、というのが件のマダイが養殖であることがわかる理由である。

さて、かつては天然と養殖の魚では「比較にすらならない」という評価が一般的だった。質の低いエサ、運動不足な環境など、味が低下する条件下で養殖は行われてきた。それゆえ、「うちでは天然ものしか扱いません」というこだわりが商品価値にもなったし、実際、寿司の高級店のほとんどはこのポリシーを貫いている。

しかし世間からも「まずい」だの「質が低い」だの言われて、業者がそのまま手

をこまねいているわけがない。日本の養殖技術は日進月歩。今では天然ものを超えるほどの養殖魚まで登場しているのである。

冒頭で触れたマダイに関しては、海流の流れが大きい場所を養殖場として選んで運動不足を解消し、エサもこだわっていい味になるようなエサを開発、海面には紫外線などを遮断する工夫をするなどして育てられた「赤い魚体の養殖マダイ」が当たり前の時代になっている。愛媛県宇和島のブランド「鯛一郎《たいいちろう》クン」が有名だ。

天然ものよりも養殖のほうが評価が高いことで知られるのが「カワハギ」だ。カワハギは肝が美味しいことで有名で、肝を醬油に溶いて食べるのはたまらないものがある。握りの場合にはネタの上に肝と紅葉おろしなどをのせる。この肝が天然よりも養殖のほうがよく育ち味も大差ないため、重宝されているというわけだ。

マグロの養殖は長年にわたる業者の夢だったが、近畿大学が２００２年に完全養殖に成功したことで未来への希望をつないだ。

世界の90％のシェアを誇る日本の養殖ブリは、最近では味だけでなく見た目にもこだわり始めた。出荷前の20日間、ブリのエサにチョコレートを加えて食べさせることで、チョコに含まれるカカオポリフェノールの持つ抗酸化作用によって切り身の変色を一定期間防ぐ「チョコブリ」がそれだ。チョコを食べたからといってチョコ味になるわけではないが、技術改良における発想の豊かさには驚くばかりである。

〇七五

森の石松「寿司を食いねぇ」は握りではなく押し寿司だった

「食いねぇ、食いねぇ、寿司食いねぇ」

　この言い回しは日本人なら誰でも聞いたことがあるとは思うが、これが日本じゅうに広まったきっかけは、戦前のラジオ放送で、二代目・広沢虎造の「清水次郎長伝」が大人気となったことだろう。一番人気だった演目「石松三十石船道中」で、「街道一の親分は清水次郎長だ」と主張する旅人に気を良くした森の石松が、酒と寿司をすすめて次郎長の一の子分として自分の名前を言わせよう、というやりとりにこの名台詞が登場する。

「江戸っ子だってねぇ」
「神田の生まれよ！」
「飲みねぇ、飲みねぇ、ほれ、寿司を食いねぇ！」

　ところでここでいう「寿司」のことだが、映画などでは塗りの寿司桶に入れた

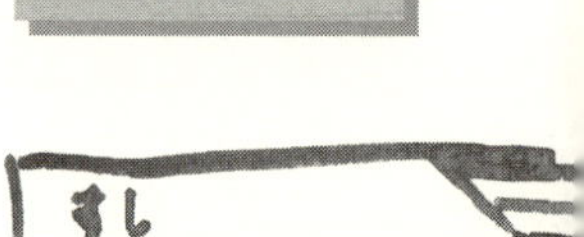

握り寿司として描かれることもあるが、本当は「押し寿司」であり、「石松三十石船道中」の冒頭でちゃんと言及されている。

「八軒屋から伏見へ渡す渡し舟は三十石と言いますからかなり大きい船でしょう。これへ石松っつぁんが乗り込んで余計なお宝払って、堂の間のところ畳一丈ばかり買いきって、親分にゃ内緒だが途中で買ってきた小さな酒樽、縁の欠けた湯のみに注いで飲む。大阪本町橋の名物、押し寿司を脇に置いて酒を飲み、寿司を食べているうちにやがて船は河の半ばへと出る」

虎造がこの浪曲のベースとした、三代目・神田伯山の講談「清水次郎長：第十二席」では、この三十石船は淀川の夜船であり、押し寿司は笹折にしたものであるとの記述がある。

さて、浪曲では「寿司を食いねぇ」だったが、このフレーズは1980年代に劇的な形でアップデートされることになった。シブがき隊の大ヒット曲「スシ食いねェ！」のことである。

1985年、名古屋で行われたシブがき隊コンサートでMC用の余興として即興で考えられたこの歌は、紅白歌合戦史上初めて、レコード発売前に歌われた曲になるなど急速に発展していった。今では寿司に絡んだ番組やイベントには欠かせない曲として、時代を超えて愛され続けている不滅の名曲となった。

○七六

江戸前の証・おぼろの名脇役ぶりを楽しんでみる

江戸前寿司には欠かせない名脇役の1つに「おぼろ」がある。江戸時代末期、すでに握り寿司の代表店としての名声を得ていた小泉與兵衛は、先駆者のプライドもあったのだろう、さまざまな工夫をくり返して新たな寿司ネタの開発に意欲的だった。ある日、食い道楽だった常連の侍から、「これまでにない変わった鮨を」という注文を受け、新たなネタを生み出すことになった。

「翁は種々工夫を巡らした末、小海老を煮て摺《す》り『おぼろ』を拵らへ、之を握つて侑《すす》めた處、いたく意に適して褒賞られたので、更に之を公にした處、之が一の呼物となつたさうです」(『鮓のつけかた』小泉清三郎)

以来おぼろは、與兵衛ずしだけでなく、江戸前寿司全般で使用されるようになる。主に芝エビを使った「エビおぼろ」のほか、卵黄を使った「黄身おぼろ」、白身魚を使った「白身おぼろ」などがある。エビおぼろは車海老やブラックタイガーなど

を使うこともあるが、メインは芝エビである。「おぼろ」に似たものに「でんぶ」があるが、特に寿司の世界では別物として区別されている。

コハダやサヨリ、キスといったネタにかませるほか、酢が利きすぎたネタにもおぼろをかますことで酸っぱさが中和されて程よい味になった。また、エビの握りにはシャリにおぼろを混ぜたものを合わせて握られていたこともあるという。

90年代初期のバブル崩壊直後には、江戸前という技法が再評価されたことに伴い、以前から作り続けていた店はもちろんのこと、おぼろを復活させた店も出てきた。四谷「すし匠」を弟子に任せ、新天地ハワイで江戸前の技法を現地の魚に用いて新たな寿司の世界を追求している中澤圭二さんは、以前から江戸前の技法をアップデートすることに腐心しており、たとえば赤シャリに合わせるコハダは黄身おぼろをネタの表面にふりかけ、鮮やかな黄色で見た目のアクセントとするなど、おぼろの使い方の可能性を広げてみせた。

おぼろ自体は握り寿司に使われる食材として主役になるようなものではないため、お決まりコースなどに含まれることはまずないが、追加注文できるのであれば、おぼろを芯にした細巻を玉子とともにデザート代わりに頼んでみてはどうだろう。まさに淡雪が溶けていくような儚い甘さのおぼろ巻は、江戸前寿司ならではの隠れた逸品だと思う。

〇七七

赤シャリが被害者になった戦後米配給制での黄変米事件

第二次大戦前までは赤酢を使ったシャリ、いわゆる〝赤シャリ〟が江戸前寿司の主流だったが、この赤シャリは戦後いったん寿司の世界から姿を消すことになる。その背景にはまず、生産に年月を要する赤酢が終戦直後の日本では供給しづらかったことが理由として挙げられるが、もう1つの理由があった。

ある事件が引きがねとなって赤シャリは寿司の主役から引きずりおろされるのだが、それが黄変米事件だ。第二次大戦を通じて、食糧難に見舞われた日本は深刻な米不足に陥り、米は配給制となる。戦後、政府はこの米を外国から大量に輸入することでしのいでいたが、昭和27年（1952）1月、この輸入米の中に、人体に有害なカビが繁殖したことで黄色に変色した米、いわゆる黄変米約2000トンが見つかったことで大騒ぎとなった。

さて、無知な大衆のせいでこの騒動に巻き込まれたのが赤シャリだ。米酢を使ったシャリに比べて赤シャリは茶色がかった色の見た目になるため、当時、黄変米の恐怖に敏感になっていた人々の中には、赤シャリを見て、「これって黄変米なんじゃないの!?」と騒ぐ人が大勢いた。それだけにとどまらず、理不尽なことに寿司店に対して苦情を寄せる人が相次ぐ事態にまで発展したのだという。

結局、多くの店が赤酢から米酢に切り替えていったことで、寿司店をめぐる黄変米騒動は沈静化することになるのだが、このできごとも結果的に江戸前寿司の世界を拡張することになった。

米酢を使った場合、赤酢と同様なコクや甘味は出ないため、酢飯を作る際、米酢とともに砂糖を混ぜる、という方法が生み出された。しかし一方では、砂糖による意図的な甘味を嫌い、あくまでも酢と塩だけで酢飯を作ることにこだわった店もあり、米酢に限っただけでも2つの方向性が示されたことになった。

その2つの流れに加えてメーカーからは、米酢のような薄い色合いの赤酢（粕酢）も開発され、さらに現在では昔ながらの赤酢も復権を果たした。その結果さまざまな酢が店ごとに独自のブレンドで編み出され、それによって店の個性が主張されるようにもなった。

「必要は発明の母」と言うが、それが酢飯にも当てはまるとは驚きだし、そう考えると「黄変米事件」も、今では笑い話として振り返ることができる。

〇七八

NHKに「ゲテモノ」とバカにされた久兵衛発祥の軍艦巻

ウニやイクラだけでなく、ネギトロ、シラウオ、そしてエビマヨ、ホタルイカ、コーンサラダなどなど、とにかく、のせられるものならなんでも寿司ネタにできてしまう「軍艦巻」の登場は、映画で言えばワイドスクリーンの登場並みの画期的できごとであり発明であったが、誕生当時はやはり邪道扱いされていた。

軍艦巻が、昭和10年（1935）創業の老舗「銀座 久兵衛」が発祥の店であることは有名な話だ。もちろん、同じ頃、「銀座寿司幸」のように小柱を握る際にこぼれ落ちないようにシャリの周囲を細く切った海苔で巻いた店もあったが（P41）、「軍艦巻」という名前とともに全国的にこの手法が広まった背景に久兵衛があったことは間違いないだろう。その誕生の経緯を、当事者である創業者・今田寿治さんが語っている。

「昭和17年頃ですよ、釧路からお客さんが生うにを樽でもってきましてね。これを

すしにしてみろよ、(中略)海苔を細く切って、握ったまわりにすっと巻くのがいいと思ってやったんですよ。そしたら非常に喜ばれて、外人なんかが来て、スカートはいたおすしをお宅でやってるんでしょなんて言われてね。ところがNHKの放送で、『この頃銀座にゲテ物扱う店ができて、うにのすしをやったり、ナマコ、かき、をやったりして、どうも江戸前のすしも丸つぶれだ』みたいな事を放送したんですね」(『わが道わが味―食べもの屋に生涯を捧げた男たち』池田宗章)

ここでも、軍艦巻という新しい寿司ネタ、新しい手法が邪道扱いされていたことがわかる。たしかに握り寿司がシャリにネタを押し付けて「握る」ことから、古くから伝わる早鮓の系統に属し、それゆえ、「海苔を巻いたシャリにネタをのせただけ」である軍艦巻に対して、「握ってないんだから握り寿司とは呼べねえ」として拒否反応を示した人々の気持ちもわからないではない。

しかし、数時間から1日という単位で旨味を熟成させていた早鮓から見れば、握り寿司だって「その場で押し付けただけ」であって、軍艦巻とは五十歩百歩でしかなかった。だから軍艦巻の登場は握り寿司の世界に大きな一石を投じ、その世界観を大いに拡大したものと評価すべきだとあらためて思うのである。

ところで、流通の発展の恩恵で、東京に運ばれてきてもウニは溶けなくなったため(P208)、今では「握ったウニの寿司」もある(P67)。

○七九

発見が多く価値のある冒険 「ひとり寿司」のススメ

池波正太郎は『食卓の情景』で、母親が仕事のあと、1人で寿司を食べに行っていたことを回想するエピソードを書いている。寿司屋になど一度も連れて行ってもらったことがなかったと池波氏が不平を言うと、連れて行けるほどの金がなかったという経済的理由に加えて、母親の当時の心情を綴る。

「『女ひとりで一家を背負っていたんだ。たまに、好きなおすしでも食べなくちゃあ、はたらけるもんじゃないよ。そのころの私は、蛇の目でおすしをつまむのが、ただひとつのたのしみだったんだからね』先ず、こうしたわけで、大好物のすし一皿を食べることによって、女ひとりが老母と子どもたちを抱えて立ちはたらくエネルギーも生れてくる、ということになる」

「ただひとつのたのしみだった」という池波氏の母上の言葉は重い言葉だ。女手ひとつで家族を養っていくことの大変さは、当人でなければわからないプレッシャー

だろう。我が家の場合は父親とは死別だったが、僕の母が背負っていた状況は池波氏の母上とまったく同じだった。

池波氏の母上は、余分な金がなかったことも1人で寿司屋に行った理由に挙げているが、おそらく1人だけで好きな寿司に向き合って存分に味わうことでストレスの発散になっていたのではないかと思う。昭和になって間もないころの話だという。

一気に時代をまたいで21世紀の現代にも「女性1人で寿司屋に乗り込んで楽しむ」という道を切り拓いた方がいる。「旅や冒険は、なにも、遠くに移動しなくても、日常のそこここに転がっているという考え方が私は好きだが、女ひとり寿司行為はその最たるもの」(『女ひとり寿司』湯山玲子)。

湯山さんは、ひょんなことで1人で訪れた寿司店での悲惨な体験をきっかけに、「女1人で寿司屋に行く」という〝冒険〟をスタートさせた。あまたある寿司関連本の中で、個人的にもっとも痛快で面白かったのが『女ひとり寿司』だった。未読の方、「ひとり寿司」に興味のある方は、男女を問わずぜひ一読をお勧めする。

さて、「ひとり寿司」は男女を問わずやってみる価値のある冒険だ。話をする連れがいないがゆえに無条件に寿司そのものに意識が集中するから、多くの発見がある。そして、職人が寿司を握る、それをつまんで食べる、という一連の出来事こそが最上の「職人との会話」なのだと気づくはずだ。

〇八〇

握らない寿司は是か非か？大阪発祥の「つかみ寿司」

たとえば昭和30年代前半までのウニは、ミョウバンによる保存法もなく、時間とともに溶け出してしまっていたため、軍艦巻が生まれるきっかけにもなった。「握れねぇものは寿司じゃねぇ」と言って、断固として軍艦巻をやらない寿司職人もいた。今ではウニも型崩れしない技術が発展したため（P208）、握りとして寿司ネタにすることも可能になっている（P67）。

江戸前の寿司職人がかたくなに「握る」ことにこだわった一方で、大阪では握る手間をも惜しんで「つかむ」だけで寿司にする「つかみ寿司」なるものも登場した。明治40年（1907）に、大阪の中央市場の前身である雑喉場《ざこば》で考案され、「中央市場　ゑんどう寿司」（P8）として現在に至る。握りこまないため、口の中でこぼれるような感覚が新鮮だ。もちろん、握り寿司として捉えれば邪道なのだろうが、長年、地域では「支持されてきた邪道」であり、5カンで皿1枚、枚数ごとにネタ

が変わり、刷毛で自分好みに煮切りを塗るなど、実に楽しいものである。

神宮前の「おけいすし」では、コースの初めに突き出しとして、おじやにした酢飯が出る。これは酒を飲む客の胃を気づかった一品で、女性客にも評判がいい。

また最近では、小さな器にシャリとネタを盛り、これを器ごと加熱した「蒸し寿司」があるが、これはもともと京都や大阪にあった「ちらし寿司」を蒸した「ぬくずし」(蒸し寿司ともいう)が発想の原点だろう。全体の量としては寿司らしく一口サイズだが、蒸されて熱いのでさじですくって少しずつ食べることになる。

口うるさい人なら、こういったものも「寿司じゃねぇ」と怒るかもしれないが、今の時代感覚からすれば野暮な話だ。こうした新たな試みに対しては素直に臨めばいいいし、判断すべきポイントは形ではなく味だということを忘れてはならない。

最近では、蒸したりしないまでも、ウニやイクラなどを同じように小さな器に入れてさじで食べるように演出する店も増えた。新富町の「鮨 はしもと」では、蒸しアワビの肝ソースがけのあとに、シャリと細かく刻んだ白イカを残った肝ソースの中に入れて食す。絶品の肝ソースを2段階で味わえるという趣向が楽しい。

こうした演出の場合、さじですくって食べるもよし、かき混ぜてから食べるもよしで、これは握りとは違った感覚ではあるものの、ネタと酢飯の融合という点ではまぎれもなく寿司なのである。

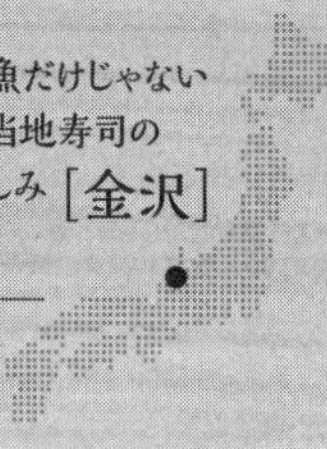

職人のやさしさに見た江戸前の未来が「加賀前」に

佇まいは住宅地の「街のお寿司屋さん」でも、
ノドグロの握りを皿ごと蒸した「蒸し寿司」など。

２０１７年の11月、ふだんから付き合いのあるＷＴＰというＮＰＯ団体のお誘いで金沢に行くことになった。途上国の子供たちに夢を与えたいと、映画の移動上映などの活動を続けている団体で、その金沢支部を手伝うためだ。２０１５年３月に北陸新幹線が開通して以来、金沢は身近な存在となり外国人観光客も４倍増になったという。

兼六園や茶屋街といった観光名所もいいが、北陸ならではの「加賀前寿司」に惹かれて金沢行きを決めたところもあっただけに、到着早々まずは金沢駅構内にある、チェーン系大衆店「金沢まいもん寿司」の暖簾をくぐった。

白エビ、ガスエビ、アカニシガイやバイガイなどに加え、ちょうど解禁されたばかりの香箱蟹《こうばこ》（ズワイガニのメス）を楽しむ。特にガスエビは、甘エビよりも甘く大ぶりな身で個人的には病みつきになる美味しさだった。

金沢を代表する繁華街、香林坊近くのホテルにチェックインし、翌日のイベントの打合せには時間的余裕があったので、日が暮れるのを待って予約しておいた店に向かう。片町から北鉄バスの「41番」に乗って野々市方面へ。のんびりと揺られながら25分ほどで太平寺のバス停で降りる。数年前、知人に頼まれてミニシアターの舞台を演出したことがあるが、その時に出演した俳優さんの1人が野々市出身で、あとで知ったのだが、目的地の「太平寿し」も彼の同級生の家なのだとか。世間は狭いものだ。

その「太平寿し」、佇まいは完全に住宅地の「街のお寿司屋さん」だし、実際、店の雰囲気も居心地のいい家庭的な店だ。だがその寿司は、これがもう脱帽だった。ハタの一種、ナメラやバイガイ、甘エビといった加賀前の握り、アカニシガイやバイガイの肝はつまみで。香箱蟹は外子とシャリを混ぜたものが円錐状に皿に立ち、隣にはカニの身と内子、カニ味噌が並ぶ。

驚かされたのはそのあとに出されたズワイガニ（オス）の握りだった。カニの握りというとたいていの場合、身を大きめに握ったり、毛蟹の場合はほぐした身を団子のようにまとめ、それを握ったりもするが、どこで食べても身の味とシャリのバランスが合わない気がしていた。シャリの持つ、酢の風味がカニの身に勝ってしまっているのだ。

だから、大きめの身を合わせることでシャリとのバランスを保つのが通常なのだが、「太平寿し」のズワイガニの握りは、バランスが絶妙に調和していた。その秘密はシャリにあって、なんとこちらにもほぐしたズワイガニの身が適度な量で混ぜ合わせてあって、最終的に客の口の中でちょうどいいバランスになるように配分されていたのだ。

ノドグロは握りを皿ごと蒸した「蒸し寿司」だった。脂分の多いノドグロをたいていの店は炙るし、鮮度によっては生で握ることもあるが、この蒸し寿司は脂の抜け具合、シャリの酢の立ち具合、そして身の旨味が絶妙だった。ノドグロを蒸し寿司で出す店はほかにもあるが、「太平寿し」のものは身が分厚くシャリも大きかった。だから一品としての満足感が段違いなのだ。

このノドグロは様々な調理が可能な魚だ。その中からなぜ「蒸し寿司」という選択をしたのか。親方に率直に聞いてみた。その答えに唸らされた。

「40年以上やってきて、これが一番美味しいって思ったからですね」

そう答える親方、高谷進二郎さんの表情はじつににこやかだった。そしてこの高谷さんとの会話がじつはこの夜のもっとも素敵なごちそうだった。

「東京からですか、お疲れさまです」

「お寿司のことを調べてるんですか、

（寿司は）面白いですよねぇ」

「華屋與兵衛から始まって、ええ、昔はマグロもねぇ……」

といった具合。そして各地の寿司屋を訪れた話から、いろんな店の話題になる。その度に高谷さんは必ずこちらに深く頭を下げてこう言うのだ。

「ありがとうございます」

つまり、高谷さんにとって、すべての寿司屋＆寿司職人は、自分の家族のような感覚なのだ。だから「どこかの寿司屋に行った」と聞くとわがことのように、いや、わがこととして頭を下げていた。しかも本当に嬉しそうに。

寿司職人の多くは本当に「寿司のことばかり考えている寿司バカ」のような人だ。だからこそ身を粉にして働き、研究も怠らず、常に自分なりのベストを追究して、少しでも客を悦ばせようとする。高谷さんもそうした「職人」の典型例だった。

店をあとにした時に感じていた満足感は、寿司に対するものだったが、純粋な職人魂というものに触れることのできた充足感も大きかった。

残念なことに高谷さんは２０１８年の春、急逝してしまったが、高谷さんが体現していた「寿司職人のやさしさ」とは、実は世界じゅうの「職人」と呼ばれる人々が持つ「心意気」でもある。それが継承され続けていく限り、少なくとも「江戸前寿司の未来」は、さらに美味なるものへと向かっていくのだろうと思うのである。

〇八一

寿司を手でつまむ食べ方に真剣に立ち向かう議論の面白さ

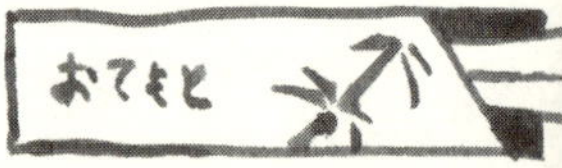

寿司は手でつまもうが箸で食おうが基本的には客の勝手だが、箸はともかく、慣れていないと迷いが出るのが手で食べる場合だ。つまみ方もまた客の自由なのだが、普通に考えれば、親指、人差し指、中指で両脇をつまみ、醤油を付ける場合は寿司を傾けてネタ側に付ければいい。

しかし、好きなことに夢中になるがあまり、些細なことにも道を究めてこだわろうとするのは人間の性だ。この「寿司のつまみ方」に関してもはるか昔からさまざまな議論が沸いていた。

寿司について書かれた本の中には、指で寿司をつまんだ際、「横に傾けて食べる」と書いてあることがあるが、そんな決まりはないし、煮切りを引いたり塩を振ったりと、すでに味付けしてあるものを出すのが主流の高級寿司店では傾ける意味はない。横に傾けることでネタとシャリを均等に噛むことができる、なんて、説明になっているんだかどうだかわからない主張をする人もいる。
「鮪の鮨の食ひ方は、右の手を逆に捩り、親指を鮨の右側にかけ、食指と中指とを其左側にかけ、三本指で抓んで右へ向けて起せば、親指は左になり、食指と中指は右になる。而して鮨の表にある鮪は下になる。それを下地に浸せば鮪の表に醬油が附く。其儘手首を曲げて口に持つて来る。さうすると、鮪は下歯に当るので、食ひ切る事が出来る」(『梟の目―第二古渓随筆』波多野承五郎)
昭和2年(1927)に書かれたものだが、福沢諭吉の弟子で衆院議員も務めた人物が、寿司をつまんでから口に入れるまでの過程を極めて真剣に論じているのが面白い。この「ネタを下にする」という食べ方は、大正から昭和にかけて1つの潮流だったようで、志賀直哉も『小僧の神様』の中で皮肉を交えて紹介し、昭和5年には永瀬牙之輔が『すし通』の中で、この方法は伊藤銀月、永井荷風らが、「通の食べ方」と紹介したせいで広まったとした上で、似た例を写真付きで紹介。「指を上方より回して鮨を裏返してつまみ上げる。よく見受ける食べ方であるが汚いさばきである」と一刀両断している。
しかし普通に考えれば、物を手でつまんで食べることは子供のころに最初に覚える食べ方だ。だから本来は人様からご指南頂くほどのことでもない。肝心なのはカウンターで無用な緊張をしないこと、なんだと思う。

〇八二

カウンターは「即興的な舞台」客は舞台装置でありキャストだ

カウンターで職人が寿司を握り、1カンごとに客を魅了してひと時の口福を体験させていく様は、時に「舞台のようだ」と形容される。

たとえば、モダンな佇まいの中、ほろ酔い気分の客相手に、洒落たつまみ、握りと酒のマリアージュでスイングするジャズハウスのような店もあれば、巧みな話術とネタで客を沸かせ、気持ちまで酔わせる寄席のような店もある。また、張り詰めた緊張の中で1つ1つの握りが音色のようにくり出され卓越したメロディーを奏で、静寂のあとに興奮と感動が訪れる室内楽の演奏会さながらの店もある。

これは寿司に限った話ではないが、職人の数だけ、店の持つ哲学や演出、価値観は存在するものだ。だからこうした「店側の演出」や「方向性」を含めた客側の選択肢も、それこそ店の数だけある。つまり、同じ寿司屋というカテゴリーの中でさえもさまざまなジャンルがある、というわけだ。この状況は、まさに「百花繚乱」

であり、幸せな時代なんだとも思う。

とはいえ、カウンターの場合には職人以外にもうひとつ、その「舞台」の良し悪しを左右する重要な要素がある。それは「客」のことだ。

ある客が店を選ぶ際、たんに「有名な店だから」という理由だけで選んだ場合、それが自分と「相性が合う店」なのかどうかはまったく不明だ。たとえば、「握りだけを純粋に楽しみたい」場合、ジャズライブ感覚の店では満足できないだろうし、逆に「適度に酔って食事と会話を楽しみたい人」には、クラシックコンサートのような緊張は息が詰まるだけだ。そしてその客の「居心地の悪さ」は、その場の空気に何らかの影響を与えてしまうのである。

各店がどういった方向性の店なのかを知る術は現在いくらでもある。だから店と自分の相性が悪かったとしても、それをすべて店のせいにするのは酷というもの。というか、極めて野暮である。

店にとって客とは、偶然によって集った観客であると同時に、舞台装置でありキャストでもある。だから、カウンターでくり広げられる、職人、ネタ、そして客たちによって生み出される「即興的な舞台」において、その場の空気も読んだ上での「調和」の気持ちこそが、すべてを引き立てる薬味となりうるものだ。そして、不必要な「自我」は場違いなネタでしかないことを忘れないでおきたい。

〇八三

3月ヒラメは最高に旨い？ことわざは旧暦に注意

「三月平目は犬も食わぬ」ということわざがあるが、これは3月頃に産卵を終えたヒラメは、身も細ってしまい水っぽいだけで美味しくない、という意味。

とはいえ、これは旧暦での話なので、このことわざが当てはまる時期は、現在では5月頃。そして、年末年始から始まったヒラメの旬が最高潮に達する時期に当たるのが、まさに2月から3月にかけての時期となる。だから、古いことわざをそのまま真に受けてしまうと、せっかくの旬を逃してしまうことになるので要注意だ。

旬のヒラメはうっすらのった脂が琥珀色に輝き、驚くほどの弾力を持つ身を噛みしめると、旨味が口の中にじんわりと広がっていく。昆布締めにしてさらに旨味を凝縮させたものもこたえられない味わいがある。いずれにせよ、白身魚の中でも繊細な味わいを持つ魚であるため、お任せコースなどでは、待ち構える客に一番槍をついて幸せな溜息をつかせる役割が多くなっている。

そのヒラメの旬が過ぎ秋口に再び登場するまでの間には、変わってカレイが旬の座に就くことになる。

刺身でもなじみ深いヒラメと違って、カレイは家庭では煮つけや唐揚げ、焼き物として使われることが多いため、寿司ネタとしては印象が薄い人が多いかもしれない。だが、物によってはヒラメに匹敵する旨さを持つ寿司ネタなのである。

一般的に寿司ネタとして使用されるのはマコガレイで、5月頃に旬を迎えるというから、まさにヒラメの代打として最適な存在だ。

大分県日出《ひじ》町は、日出城を擁する城下町だったが、城の下に位置する海岸付近では海底から清水が湧き、そこで育ったマコガレイは「城下かれい」の名で知られるようになったわけだが、これは大変美味だという。

大正9年（1920）に同地を訪れ、城下かれいを賞味した高浜虚子は、「海中に 真清水湧きて 魚育つ」という句を残している。

幻の魚として知られる星ガレイと松川カレイは同じマツカワ属に分類されるカレイだが、白身魚の中では最高とする人も多いので、お目にかかることがあったらラッキーだ。さて、ヒラメやカレイにはヒレを動かす筋肉の部分であるエンガワが付き物だが、身よりもさらにコリコリとした歯応えで、たまらない旨さなのは言わずもがなであり、財布が許すのならば逃す手はないネタである。

〇八四

酢飯に煮切りを引いただけでも寿司の味がする

握り寿司の話で、中心になるのは魚であることがほとんどだろう。酢飯は共通でも、上に乗るネタによって味は変わるし単価も違う。トロだコハダだ赤貝だ、と話の種としても手っ取り早く盛り上がるのはネタのほうだ。

しかし、ネタと酢飯、どちらが寿司の主役かと職人に問えば、酢飯と即答する人がほとんどだろう。もちろん、「ネタと酢飯、この2つがあって初めて寿司と呼べるものになる」というのはわかった上での問いとしてだ。

重要度の比率は職人によって考え方が異なるだろうが、酢飯が60~70%くらい重きをなす、と見ている人が大半だと思う。酢飯とネタの関係性について、「すきやばし次郎 六本木店」の小野隆士さんはこう話してくれた。

「寿司でもっとも重要なのはやはり酢飯です。寿司ネタだけを食べてもただの刺身でしかないけれども、酢飯に煮切りを引いてやるだけでも、ちゃんと寿司の味になるんですよ」

そしてその「煮切りを引いただけの酢飯」を試食させてくれたことがあるのだが、これが想像以上に「寿司の味」であったことにたいへん驚いたものだ。

さて、その酢飯。銘柄や炊き方、産地や収穫時期、そして合わせる酢の種類によって無限の表情を見せる。それゆえ、こだわり抜いて店主が行き着いたシャリのレシピこそが、その店の顔とも呼べるものになる。

酢飯がその店を代表する味だったのは握り寿司の創生期からだったようで、「與兵衛ずし」の酢飯は甘口、安宅の「松が鮓」は辛口、といったように明確な味の差があったようだ。日本橋「吉野鮨本店」三代目・吉野曻雄さんは、大正末期の「與兵衛ずし」で食べたことがあるそうで、『鮓・鮨・すし―すしの事典』にこうある。「たしかに甘口のすしで、なにか、お菓子のようなすしだった記憶がある。『これだけ甘口のすしで、少しのいや味もなく品のいい味は、さすがに與兵衛だ』と、食べながらしきりに感心していた父を思い出す」

記憶をたどりながら、店ごとの酢飯の違いについて、「これがすし屋の個性であったと思う」と続けているが、まったく同感だ。だから客のほうもその個性を尊重すべきだし、仮に自分の好みではなかったとしても、それはそれだけの話なので、とやかく言うのは野暮だ。

〇八五

ミョウバンから塩水……そして革命的無添加ウニの誕生

世間にはあまり知られていなかったことだが、21世紀に入って生食のウニの世界には大変革が起きていた。無添加のウニである。築地で長年ウニを扱ってきた仲卸、山福商店の草《したがき》實《みのる》さんが発案し、産地の業者と協力し、指導しながら実現したもので、ウニを知る者にとっては夢のような商品である。

かつては国鉄職員によって夜行列車で築地へと運ばれてきたウニだったが、時間経過とともに溶け出してしまうのが最大の欠点だっだ。それを防ぐためにミョウバンを添加して型崩れを防ぐ方法が昭和34年（１９５９）に考案された。

しかしミョウバンを使ったウニは、型崩れはしないが食べると舌にしびれが残るという欠点があった。

そこでミョウバンの代わりにホウ酸を使うようになったのだが、それでも味に影響が出るということで、再びミョウバンが見直され、今度はミョウバンの濃度を水

で薄めることでその影響を最小限にするという方法になった。これが昭和の終わり頃の話で、今ではミョウバンの影響をほとんど感じずに堪能することができ、ウニの流通は現在ではこの形が主流になっている。

一方で、それでもミョウバンを使ったものはいやだという人のために、90年代半ばごろに「塩水ウニ」という手法が、北海道の江差漁港を皮切りに広まっていった。これはウニが生息していた海の塩分濃度と同じ塩水に生のウニを入れ、そのまま出荷することでウニの新鮮な状態を保つというものだ。この塩水ウニは高価だがイガから取り出したばかりのような新鮮さで人気を集めている。

ところが、この塩水ウニも、塩分濃度が少しでも違うとやはりウニが崩れていってしまう欠点があった。この問題を解消するには、「なんとかして無添加の箱ウニを開発するしかない」と、前述の草さんはそう考えた。そこで取引先であるイチカワ北海食品などと協力して無添加ウニの開発を開始した。

これが平成14年（2002）のことで、試行錯誤の末、成功するまでに2年かかったという。その特別な技法は当然ながら企業秘密だが、無添加ウニの圧倒的な美味しさには唸るしかない。その後、草さんは、北方四島の養殖ウニの無添加化にも取り組み、成功させている。流通量には限りがあるが、今では通年で日々、無添加のウニが出荷されている。

〇八六

横柄な寿司屋がバブル崩壊とともに絶滅していった理由

平成4年（1992）、バブル経済が破綻に向かっている最中、寿司業界（ごく一部での話だが）でも、1つの悪しき習慣が破綻を迎えようとしていた。

店主が客に横柄な態度を取り、数十分も相手にしない上、法外とも思える料金を請求された。そんな悪質な寿司店での体験を、北杜夫、胡桃沢耕史の2人の作家が雑誌上で告発し大騒ぎとなったのだ。

両氏が訪れたのは別々の店だったが、場所はともに小樽で、それゆえ騒動は市や観光協会をも巻き込む事態となり、市が設置した投書箱には連日、市民からの投書が堰を切ったように寄せられることになった。それだけ市民側には積年の思いがあったようなのだが、2人の作家の告発をきっかけに、雑誌では寿司好きの有名人からの証言を掲載するなどして、対象は全国の寿司店にまで広まっていった。

苦言を呈した有名人はさらに増えていき、映画監督の大島渚、森田芳光、落語家の立川談志、作家の藤本義一などなど、とにかくあらゆるジャンルの有名人が〝横柄な寿司屋〟に対する不満をぶつけていた。彼らの不満はざっとこんなところだ。

・能書きを垂れる、うるさい店がある

・醤油を多めにつけたら、つけ過ぎだと言われた

・握ったらすぐ食べろと言われた

・客がいるのにテレビを見ながら握っていた

ほかにもいろいろあるが、まあ大同小異。威張り散らしたり、テレビを見ながらなんていうのは論外だろうが、それ以外のことは正直言って、たいした問題とは思えない不満だったりする。店側にしてみれば、逆に能書きを垂れる客は目ざわりだろうし、周囲の客にはおかまいなしで騒いだり自慢したりする客は現在でもいる。実際、当時の雑誌記事でも寿司屋側の言い分も伝えており、「食事の場なのに自己顕示欲しかない客は困る」という意見は最近でも職人たちから聞く声である。

結局、時代に乗ってなぜかは知らないが天狗になっていった一部の寿司屋と一部の客とのボタンの掛け違いが、こうした騒動を勃発させたのではないかと思う。

バブル崩壊とともにこうした店も淘汰されたようだし、SNSが全盛の現代では生き残ることなど不可能だろう。むしろ、横柄な客こそ常に生き残っているのだが、これもある種の風物だと割り切って楽しむ余裕も必要なのかもしれない。

〇八七

歌舞伎座と「二葉鮨」長い歴史で紡いだ深い関係

銀座の名店「二葉鮨」に1枚の暖簾がある。初代・中村吉右衛門を始め、六代目・尾上菊五郎、七代目・松本幸四郎、七代目・坂東三津五郎、六代目・板東簑助（八代目・三津五郎）、四代目・中村もしほ（十七代目・勘三郎）、十二代目・片岡仁左衛門など計20人もの歌舞伎スターたちが名を連ねるこの暖簾は、「壽乃司」と題し、贈られたものだ（P2）。

「二葉鮨」の創業から12年後、木挽町に「歌舞伎座」が開場する。楽屋の目の前が店だったという立地もあって、「二葉鮨」は菓子、弁当、寿司を意味する「かべす付き歌舞伎鑑賞券」で、歌舞伎座の寿司を担当した。その内容は、二段重ねの寿司折りの下段に海苔巻、上段に握りというものだったそうだ。

楽屋への出前などは日常茶飯事で、特に三代目の小西三千三さんは役者たちと顔なじみで、店で握っている最中に客と歌舞伎談義で盛り上がり、そのまま客を連れて

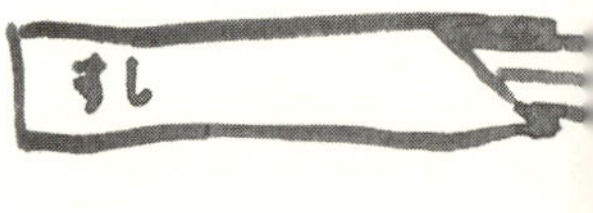

楽屋口から入って行き、舞台袖から歌舞伎見物をした、なんてこともあったという。

こうした交流が先の暖簾へと繋がるのだが、特に親しかったのが初代・吉右衛門と、実弟の十七代目・勘三郎だ。三代目は彼らとよく旅行にも出かけていたという。秀山という号の俳人としても知られる吉右衛門は、「芽柳や　楽屋の前に　二葉鮨」という句を残しているが、これも三代目との友情の証の1つだろう。

さて、「二葉鮨」には「鉄火重」というメニューがある。かつてはマグロの赤身だけを使った一般的なものを出していたが、現在、この店で「鉄火重」を注文すると、赤身とトロを市松模様にあしらった特製のものが出てくる（P2）。

じつはこの「鉄火重」、九代目・坂東三津五郎のための特別なメニューだった。本来「二葉鮨」にはメニューが存在しない。そのため、条件が整えば客の要望通りの寿司も作ってくれる。この「特製鉄火重」は、九代目・三津五郎のリクエストによって生まれたもの。後年、十代目によってこの「鉄火重」がメディアで紹介されたことで「同じものを」と注文する客が増え、定番化したのだそうだ。

同様に「二葉鮨」五代目と客との会話で生まれた「ジャム巻」という細巻がある。ネギトロ、沢庵、しそ、ゴマ、きゅうりを一緒に巻いた、「ジャム・セッション」に引っかけた創作寿司だ。伝統を守りながら新しさも取り入れる柔軟さを併せ持っている点は、さすが歌舞伎座と縁が深い名店らしさだと思う。

〇八八

寿司ネタに進化したサンマは高級魚サヨリと同じ仲間

漢字で書くと「細魚」や「針魚」となるサヨリは、当てられる文字が示すイメージ通り、細長い魚で透明な身と内臓を覆う膜が黒いのが外見上の特徴だ。

「海の貴婦人」とも形容されるが、心の内面に悪だくみを抱える人をたとえる「腹黒い」という言葉の由来となったことでも知られ、特に見た目の美しさから「腹黒い美女」といったニュアンスでサヨリの名が出されることもある。

釣りの対象となる魚でシーズンと場所を選べば比較的簡単に釣れるというから、サヨリという魚自体は素直な性格なんだろうと思う。サヨリの身体が透明なのは他の肉食魚から身を守るためで、腹が黒いのは海面近くを泳いでいるため、紫外線などの光線で内臓を傷めないためだと言われている。

体長が10センチ程度のものは「エンピツ」と呼ばれ、40センチ前後になると「カンヌキ」と呼ばれる。

寿司ネタとしては高級魚として有名で、冬の到来ごろから春までが旬とされる。サヨリの握りは片身づけと呼ばれる握り方で提供されることが多いが、身の細さを利用して、わらび、熨斗、相生といった細工を施して握ることもでき、見た目にも楽しい（P5）。おぼろをかませるとさらに華やかになる。

サヨリとよく似たシルエットの魚にサンマがあるが、実際、サヨリはサンマの仲間で同じダツ目に分類されている。

サンマと言えば「塩焼き」が定番で、落語「目黒の秋刀魚」を例に出すまでもなく、サンマは秋を知らせる焼き魚の代表格だった。だからかつてはサンマの刺身というものに印象はまるでなかったし、ましてや「サンマの握り」などは想像すらしなかったものだ。そんなサンマの動静はどのように変化してきたのか。築地魚市場銀鱗会・福地享子さん著の『築地魚河岸寿司ダネ図鑑』によると、「一変したのは1990年代。徹底した鮮度管理システムを取り入れ、生食用に大消費地へ送り込んだのだ。そして2000年代、寿司ネタとして定着していった」のだという。

脂の乗った旬のサンマの握りは極楽の味わいとも呼べるもので、流通システムの発展をこれほど感謝するネタはないと思う。サヨリと異なり、サンマは内臓であるワタも美味だと知られているが、握りにもアクセントとしてかませる店もある。もちろん悶絶の美味さだ。

〇八九

腕で勝負！店を渡り歩く寿司職人紹介所とは

寿司の世界は職人の世界でもある。だからたとえば、和食の調理師で人気を集めた者がスターとなり、全国各地を包丁を手に渡り歩いたりするように、寿司職人の世界にも求めに応じて職人を派遣するシステムがある。東京には戦前から二葉鮨系列の二葉会をはじめ、いくつかの寿司職人のための口入れ屋、つまり職人紹介所が存在したが、現在でも活動を続けているのが新富町を拠点とする三長会だ。

正式には「株式会社三長会鮨調理士紹介所」という名称の三長会は、昭和11年（1936）に創業。まだ巨大チェーン店や回転寿司チェーンなどがなかった時代、寿司職人たちは手にした技能を武器に、人手を求める店舗や催し物会場などで腕を振るっていた。仕事を求めて上京した地方出身の職人のためには、紹介所が併設していた部屋に住みこませたりもしていた。紹介所のことが「部屋」と呼ばれていたのはそのためである。

個人経営の寿司屋の跡取りとか、企業経営の大型店の正社員などではない職人たちは、そのぶん、「腕前」が売り物であり、腕が立つ人気の職人には指名がつき、給金も多額になる。だから紹介所に所属していても、結局問われるのは「自らの腕」ということになる。三長会のモットーが、「自分の人気は自分で作れ！の精神を胸に、日々精進せよ」となっているのも、こうした理由があるからである。

現在では日本各地のみならず、アメリカ、イギリス、フランス、オランダ、マレーシア、中国など、海外にもその派遣地域は広がっているが、三長会にとって寿司職人の最初の海外派遣先は、なんと南極である。

昭和42年（1967）暮れの第九次南極越冬隊に同行した小堺秀男さん（タレントの小堺一機さんの父）がその人で、民間人としての初の南極越冬隊員にもなった。三長会会長の福島光司さんによると、「口入れ屋」のルーツは歌舞伎でもお馴染みの幡随院長兵衛にまでさかのぼるという。江戸時代初期を生きた長兵衛は「俠客の元祖」とも呼ばれたが、その生業は浅草を本拠とした人材派遣だった。とび職から人足、奉公人にいたるまで様々な職種の人材を手配した口入れ屋は、やがて各職人たちによって個別に組織された「部屋」へと発展していった。景気や社会情勢によって店がつぶれても職人は生き続ける。そういった時の受け皿にもなっていた職人紹介所は、「職人気質」とともに「寿司文化」そのものも守ってきたのである。

〇九〇

寿司を焼くのは邪道なのか？「穴子の炙り」から広がりが

数年前、外国人客が都内の高級寿司店を予約し、生魚が食べられないので「焼くか煮てほしい」と言い出したことで騒ぎになったことがあった。予約時間に遅れてきたことも含めこうした行為は論外なのだが、この騒ぎの当人に関しては無知だった自分を恥じ、後日店に謝罪に訪れたというから、問題は急速に世界に寿司情報が広まる中、いいかげんな情報や店の話が増幅してしまっている点にもあるのだろう。

今から100年ほど前までは、寿司屋で火を使うこと自体がありえないことだったが、日本料理の技法が寿司屋にも取り入れられていった関東大震災後には、寿司ネタに火を使う行為が、おそらくは「穴子を炙る」という形で少しずつだが広まるようになっていったはずだ。

現在では、大トロの炙り、炙りサーモンなど脂の多いネタをコンロなりバーナーなりで焼いた握りは珍しくなくなり、「白身のトロ」と呼ばれるノドグロも炙るの

がスタンダードだ。だから、焼く焼かないはそれぞれの店がそれぞれのネタに応じて決める、手当てという名の「演出」の範疇なので、客がとやかく注文を付けるのは避けたほうが無難だろう。その店の相当な常連にでもなれば多少の無理な注文も通るだろうが、そのレベルにまでなれば、そもそも注文の仕方もスマートになるし、店側とも阿吽の呼吸になっているはずだ。

では海苔巻の場合はどうか？　実は店で焼くことはなくとも、家などで海苔巻を「焼く」という行為は少なくとも昭和初期にはあったらしい。「弁天山美家古寿司」の四代目・内田榮一さんの父である三代目が、吉原の花魁から習ったという「焼き海苔巻」の話が面白い。

「そのとき馴染みの花魁が鉄火巻をとっといて、内緒で茶箪笥にしまっておくんですって。で、翌朝、おとっつあんが顔を洗ってると、長火鉢に炭を少しいれて、昨夜の鉄火巻を丹念に餅網の上で転がしてるうちに湿った海苔がパリパリしてくる。（中略）昔の女の人ってものは、ああいうとこの人でさえ、そういう家庭的な仕事のやり方をちゃんと知っていたんですね」（『江戸前の鮨』内田榮一）

海苔巻を焼く場合、相性がいいのはやはり鉄火巻だが、これはあくまでも前日の残りを美味しく食べる方法。大井町の「金井寿司」では、ニンニク醬油に漬けたトロを芯にした細巻を焼く「焼き寿司」を名物として出すが、旨い上に酒にも合う。

○九一

明石ダコの圧倒的美味しさと寿司屋によるタコへの「仕事」

江戸前寿司の伝統的ネタの1つであるタコはマダコを指すが、幕末当時、江戸の人々が食材としてタコを好んだという形跡は特にはない。そんなタコがなぜ江戸前寿司に採用されたのか。その真相は、数多くある食材の中から選ばれた、というよりは、当時の保存技術や流通形態などから考えると、そもそも寿司ネタになりうる魚の種類が少なかったから、なのではないかと考える。

現在、日本で流通しているものの6~8割はアフリカ西海岸などからの輸入品なのだそうだ。国内産のものだと、とにかく明石のタコが有名で文句なしに旨い。明石海峡近辺に生息し、エビ、カニ、貝などのエサにも恵まれ、激しい潮流にもまれて生育することで、類を見ない美味しさになるらしい。

『徳川実紀』の編纂にもかかわった幕末のジャーナリスト・成島柳北が、明治2年（1869）10月末に明石近郊を旅した際にこんな歌を残している。

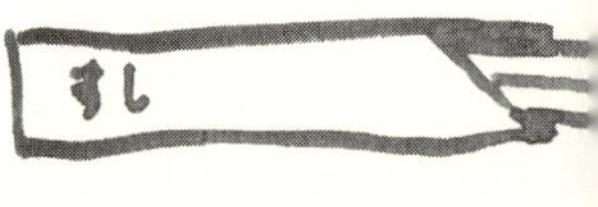

「高砂や 歌人も知らぬ 蛸の味」

旅先で味わった明石ダコの美味しさに驚嘆したことを歌ったものだが、この旅路を綴った『航薇日記』でも柳北は、「此浦にて漁人の捕りし章魚を買ひて食らふ。其の味の美なるにはほとほと驚きたり」と記している。

各地で美味しいものを食べ続けていた柳北だが、そんな中でも明石ダコが格別だったことが、「ほとほと驚きたり」の言葉でもわかると思う。

明石ダコは関東にはなかなか出回らないが、ほかの産地で有名なのは、長崎県産で、関東では三浦半島の佐島で獲れるマダコが最上とされている。

市場では仕入れたタコを国内の業者が茹でて販売しているが、こだわる店は生のものを買い付けて店で独自に茹でている。この時にタコをしっかりと塩で揉んでから茹でるのがコツで、茹で方もお茶の葉を入れて茹でるとか米のとぎ汁で煮あげるなど、店ごとにそれぞれ工夫がある。ネタに塗る煮ツメも同様だが、「すきやばし次郎」のように塩を軽く振って煮ダコから立ち上る香りを生かす店もある。

近年、回転寿司などで人気を博しているのはミズダコで、茹でるのではなく生で出される。ツメや煮切りではなく塩や柑橘類をアクセントにして食べるのがポイントで、マダコとはまた違った旨味が魅力である。ちなみに、北海道ではミズダコの雌のことをマダコと呼ぶので注意が必要だ。

〇九二

常連にしか出せないネタがある 客の好みをよく知っているから

「私はよく『常連さんの千円も、一見さんの千円も同じ』と板前に話します。同じ場所で同じ支払いをいただいているのに、『おもてなし』に差がついてしまっては申し訳が立ちません」(『銀座久兵衛 こだわりの流儀』今田洋輔)

「銀座 久兵衛」の二代目はこう書いているが、実際に多くの寿司屋で一見の客と常連客との扱いで何らかの形で「差」が生じることはある。これは別に悪気があってすることではなく、ましてや「差別」と呼ばれるような類のものでもない。単純に「一見の客」の素性や味の好みなど、店側は「何も知らない」からだけなのだ。

常連客の場合、それまでの店主との会話などによって数ある寿司ネタの中でもどんなものが好きで、どんなものが苦手か、といった情報の蓄積がある。しかも「常連」という事実は、その店にとっても「定期的に収益をもたらしてきた」という経営の根幹にかかわる「功績」でもある。となれば見ず知らずの間柄でもなく、気心も知れているわけだから、機会あればサービスの1つもしたくなるのが人情というものだ。では具体的にはどんなサービスがあるのだろう。

わかりやすい例を挙げるならマグロだ。寿司屋が仲卸からマグロを買う時、背カミ、腹カミ、腹ナカといった大きなブロックで買う。腹側は脂身が多いので値段も高い。で、たとえば腹カミを買ってきたとすると、店で柵どりをして、赤身、中トロ、大トロと切り分ける。この時、ブロックの大きさにもよるが、どうしても柵に切り取るには少し余ってしまう部分が出る。そして中トロと大トロの境目あたりに生じる「余分な個所」を切り取ると細長い四角い棒状の刺身になる。これを寿司屋では「エンピツ」と呼ぶ。エンピツは普通の商品としては使えないが、味は何といっても極上な部分から切り取られたものだからいいに決まっている。となるとこれは「トロが大好きなあのお客さんに食べてもらおう」ということになる。そこには店側からの常連客に対する感謝の気持ちも含まれる、というわけである。

ヒラメの縁側やマグロの皮ギシ、ネギトロといったものも気心が知れた客へのサービスから生まれた。本来、職人たちが余りものとしてまかないで食べていたものを、常連客に「食べてみますか」と言って出したところ評判になり、表メニューになったものもある。しかし「特別な客」と認定するのはあくまでも店側なので、自分から常連扱いを要求しないように。

○九三

〝干瓢復権の巻〟今やワサビ入りが常識に

僕が子供だった70年代頃、出前の寿司桶で大人が手を付けないため子供が自由に選べたのがカッパ巻と干瓢巻だった。この2つは当時の大人には人気がなかったようだが、特に干瓢巻は子供にも人気がなかった。鉄火巻に比べて暗い色で、「でも鉄火巻の仲間かもしれない！」とつまんでみたら、まるで違う味だったのでガッカリした記憶がある。

江戸前寿司で海苔巻といえば干瓢巻を指すほど由緒ある存在なだけに不当な扱いだと言えるが、それほどまでに当時の干瓢巻は地位が低下していたのだ。

干瓢はウリ科の植物である。夕顔の果実をひも状に剝いて乾燥させたものを、水で戻して味付けをして煮込んで作るのだが、仕込みに非常に手間と暇のかかるものだ。干瓢を傷付けずに均一に味をつけて仕上げるには、職人の熟練の技が必要とされ、醤油の濃度や甘さ、食感などに店の個性が出るため、ある意味その店の「知ら

れざる顔」と呼べるものとも言える。出来合いのものも河岸では売られているが、昔気質の店では今でも手間を惜しまず一から干瓢を仕込んでいる。

現在では栃木県と茨城県が主要な産地だが、かつては大阪の木津が干瓢生産の発祥地とも言われていたことから、寿司業界では「木津」が干瓢を表す符牒になっている。

この干瓢巻にはワサビは入れない決まりで、ワサビ入りを頼んだりすれば、店によっては親方から、「海苔巻にはワサビなんざ、入れねぇもんですぜ」などと釘を刺されることもあったそうだが、今では逆に職人のほうからワサビを入れるかどうかを尋ねてくるようになった。

これは江戸前寿司の仕事というものに注目が集まり、結果、干瓢巻が再評価されたこと、それに加えて、酒のつまみとして寿司ネタを楽しむスタイルが一般化したことに伴い、「ワサビ入りの干瓢巻」というかつては邪道だった組み合わせが、酒に合うことが発見されたことなどが背景にあるのだと思う。

実際、干瓢の甘さの中にワサビの刺激が交じり合ってくる感覚は、酒の友として文字通り「いい味」だ。それだけに、最近では黙っていても「ワサビ入りの干瓢巻」を出す店も多い。かくして干瓢は、ワサビという伴侶を得たことで劇的な復権を果たしたのである。

〇九四

高級なトロも昔は「アブラ」と呼ばれて嫌われていた！

天保年間のマグロ大量発生後に寿司ネタにして成功を収めたのは馬喰町の「恵比寿寿司」だったが、ヅケに使われた部位は赤身の部分であり、今で言うトロ、大トロといった部位は傷みやすい上に脂っぽいことから嫌われ、それゆえ「捨てられていた」という話につながっていく。

明治の人、三田村鳶魚もマグロを嫌悪していて、『江戸の食生活』の中で、「いわんや鉄火巻なんていうものに至っては、お話にならない。海苔巻だと思って食ってみると、中から赤いのが出て来る、まるで猫の食いものが化けたようなものだ」と書き残していて、現在の世界的なトロ人気を知ったら憤死しかねないほど嫌っている。

この当時はマグロを出前に使ったとしても客のほうから「変なもの入れるな！」とクレームが来たので店舗限定のメニューになっていたらしい。赤身でさえ邪道扱いだったから、トロに至っては言語道断というわけなのだった。しかし、イカモノ

（以下物）、ゲテモノ（下手物）と蔑まれたマグロも明治の末から大正にかけて人気を獲得し、特に脂身の部分は「アブ」「中アブ」「大アブ」という呼び名までつけられ寿司通の間では知られたネタになっていたという。大正4年（1915）発行の『料理の友』12月号には「あぶらのお寿司」として紹介されている。

「あぶらと云ふのは通常鮪類の腹側のはらもと云ふ所を用ひますが、（中略）極上等のは中鮪のひれ下と云ふて鰭の付いて居る所の極く僅の所ではらもよりいいのだそうですが大きな魚で極く僅かしか無いから中々得にくいのです」（「東京のお寿司」樫田十次郎）

このようにすでに希少部位であることも認識されていたし、しかも、同記事によれば、「之れは中々注文したつて得られるものじやありません。先ず鮨屋と特約して置いてあつた時電話で知らして貰ふ位にしなければ得られません」とまあ、一般のニーズがなかった上に、入手困難であったことが記されている。

志賀直哉の小説『小僧の神様』でも、主人公の仙吉が耳をそばだてる中、秤屋の番頭たちが「そろそろお前の好きな鮪の脂身が食べられる頃だネ」と「アブラ」に関する言及がある。この小説が発表されたのは大正9年だが、この時点でもまだ「トロ」という呼び名が一般化していなかったことが推察される。

○九五

寿司の種類は多種多様 箱寿司、棒寿司、熟れ鮓……

日本人の多くが知っているように寿司には「握り寿司」のほかにも、「太巻寿司」「稲荷寿司」「ちらし寿司」「押し寿司」「箱寿司」「棒寿司」「熟れ鮓」などなど、日本各地にさまざまな「寿司」がある。しかし、多くの外国人にとって「ＳＵＳＨＩ」と言えば「握り寿司」のことを指すだろう。

　ではその「握り寿司」について、我々日本人はどれだけ理解しているだろうか。僕自身、幼少の頃から握り寿司に接する機会はあったし、社会人になって接待などで寿司店に行く機会もあり、日常のランチで回転寿司店に行くこともあった。それでも自分の持っていた寿司の知識なんて実際にはほとんどないに等しいものだった。

　たとえば今、メディアなどでは盛んに「江戸前寿司」というキーワードで寿司に関する話題を提供しているが、「江戸前寿司」とひと口に言っても、店によってその考え方には大きな違いがある。

江戸時代から綿々と続く江戸前の技法をかたくなに守りながら生き残り、古典的な寿司を今に伝える江戸前寿司店もあれば、２００年もの間に淘汰され進化も遂げてきた握り寿司に「江戸前の技法」を取り入れながら、新たな可能性を模索している店もある。また、たんに「江戸前」という名前だけ掲げて握り寿司を売る店も存在する。

クオリティに関してもピンからキリまでさまざまだ。高級食材を惜しみなく使い、ネタの1つ1つに隠し包丁など職人の技法を駆使する店。伝統の白シャリ、あるいは温故知新の粕酢を使った赤シャリを使う店。自家製のガリ、天然の本ワサビ、煮切り醤油、秘伝の煮詰めのツメなど、本物にこだわる店。こうした店の握りは、ネタによっては1カンで数千円にもなる。

一方で、酢飯、ガリ、玉子などは業者が作った完成品を使う店。ネタもすでに業者が切り分けたものを、シャリマシンで握りの形にしたシャリに合わせる店もある。こうした店は職人不在でも成立するので1カン50円前後の激安価格となる。

どちらも紛れもなく「握り寿司」ではある。が、こうした違いを意識せずに、人は大雑把に寿司を語りがちだ。その結果、個人個人の経験や認識によって違いが生じ、そこから誤解や知ったかぶりが生じることになる。日本人だから知っていて当然という錯覚が、逆に日本人を握り寿司に関して無知にしているのだと思う。

〇九六

穴子を炙る2つの理由は温度と脂分だった

その細長い体に、市場や河岸で使う棒ばかりの目盛りのような模様があるため「はかりめ」とも呼ばれる穴子は、江戸前寿司の中でもなくてはならない存在の代表的ネタである。昔も今も羽田沖の江戸前ものが最上とされるが、煮汁を砂糖や味醂などと煮詰めた甘い「ツメ」を刷毛で塗って客に出すので、食事のメにあたる終盤に好まれるネタである。作家の子母澤寛は、昭和2年（1927）刊行の著書『味覚極楽』で、穴子好きの琵琶師、豊田旭穣の証言を紹介している。

「日本橋小田原町に『うの丸』という寿司屋、肉の厚い『あなご』を寿司につける前に、もう一度煮て、お皿へこれを二つ、ぐっと甘味の利いた煮つゆを下からかけて出します。本当の寿司ということは出来ないかも知れませんが、うまいものです。新橋の『新富寿司』は、この『あなご』をつけぎわにちょっとあぶってくれるので、大変やわらかになっておいしいし、あのうちの『たれ』は実にいいと思います」

文中で言及されている「宇の丸鮨」は、当時、穴子の旨い店として知られた店だったが、注目したいのは穴子を握る直前に炙るという手法がこの当時からあった点だ。旭穣が美味しいといった炙った穴子を、3年後に刊行された『すし通』において、永瀬牙之輔は邪道だとばかりに一刀両断している。

「穴子が冷たくなっていると不味いというので、焙ってつけてもらう人があるが、冷たくても美味しくないが、焙っても味は変なものである。元来冷たくなると硬くなるから、鮨屋のほうで焙ってつけたものであるのを、冷たくもないのに通ぶって焙ってもらう不心得の人もある。だから冷たくなく、硬くなく、焙らないでしかも歯を使わないで食べ得る穴子でなければ感心したものではない」

今では穴子を炙ること自体は定着しているが、そこには味を良くするための明確な理由もある。つまり、先に煮てあった穴子が冷めると、身についている脂分も冷めて固まっているため、炙ることによってこれを溶かし、さらに温められるし香ばしさも加味される、というわけだ。しかし、「すきやばし次郎」の小野二郎さんのように、炙る過程は余計だとして、提供時に自然な温度になるように逆算して穴子を煮るようにしている店もある。

穴子を炙るべきか否かについては現在でも是非論があるようだが、店の哲学の問題でもあるので、客としてはそれぞれの演出として楽しめばいいと思う。

○九七

大スターになったマグロに屈した與兵衛ずしのプライド

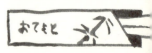

浅草橋から両国橋を越え、しばらくして右折すると「与兵衛鮨発祥の地」と記された碑がある。與兵衛は文政のはじめ（元年が１８１８）に握り寿司を考案し、文政７年に元町（現在の両国１丁目）に店舗を構えたとされている。岡持ちでの販売から、屋台、長屋の裏店での店売りを経ての店舗になるまでに足かけ６年はかかったことになるが、これは順当な年月と言えるだろう。

時々「文化７年に開業」とか「文化６年」といった記述を見かけるが、仮に文化７年（１８１０）だとすると與兵衛はわずか11歳で開業したことになる。與兵衛の生年は変わらず寛政11年（１７９９）と併記されている例がほとんどなのだが、このことに気づいていないのか、本当に「11歳で開業した」と考えているのかは謎である。おそらく「文政」と「文化」をどこかで取り違えてしまったのが真相なのではないかと思う。

「與兵衛ずし」は関東大震災の影響もあり昭和5年（1930）に閉店したが、その前年、末期の老舗店の様子が同年発行の『東京名物 食べある記』に記されている。「食堂はガランとしています。真中のストーブも火の気がありません。（中略）献立表を見ると、すし並五十銭、中七十銭、上一円、ちらし並五十銭、上七十銭、まぐろ、てっかまき、てっか丼各七十銭、細のりまき四十銭、（中略）材料は名物の名に背かぬ極上のものを使っています」

注目すべき点は、メニューにマグロが含まれていることだ。実は老舗のプライドからか、「與兵衛ずし」はそれまで再三にわたって「上品な寿司屋はマグロなんか出さない」と言ってはばからなかった。しかしすでにマグロは江戸前寿司の大スターになっていたのだ。さすがの「與兵衛ずし」も時代の趨勢には勝てなかったのか。時すでに遅しだったようだ。

江戸前寿司の始祖としては與兵衛の他に「松が鮓」の名が挙がることが多いが、明治34年（1901）刊行の『東京名物志』には、「與兵衛ずし」について「握鮓の元祖にして古来有名なり」とある。初代與兵衛の幼名が「弥助（当時の寿司の俗称）」だったことを考えると、彼は正に寿司職人になるべくして生まれた男とも呼べるわけで、そういったオチとしての座りの良さからも、與兵衛を「握り寿司の大成者」として認めていいと個人的には思う次第である。

〇九八

「マンボ巻」に「レタス巻」邪道から名物に昇格した海苔巻

寿司の世界で「海苔巻」といえば、これは「干瓢巻」のことだ（P224）。が、現代においてはカリフォルニアロールが西洋人に寿司という世界の扉を開いたように、実にさまざまな巻き寿司が存在する。それらは当初、「邪道」と揶揄されもしただろうが、中には定番化して名物にまで出世したものもある。

大阪は北新地にある、昭和4年（1929）創業の「甚五郎」が、「胡瓜巻」発祥の店である（P8）。屋台店だった創業時に考案し、小ぶりのキュウリを使ったこの店の名物商品。なんと登録商標まで取ったのだそうだ。そのため、他店では「胡瓜巻」の呼称が使えず、結果「カッパ巻」という通称が生まれ、今ではそっちのほうが一般的になってしまったのだ。

仙台には、筋子とキュウリを巻いた「マンボ巻」というものがある。現地ではスーパーでも買える人気商品だ。名前の由来は、筋子の鮮やかな赤とキュウリの緑の

組み合わせが男女のマンボダンサーの衣装を想起させる、という説と、あまりの旨さに思わず「ウー、マンボ！」と叫んでしまうから、という説があるが、おそらく正解は前者だろう。

宮崎の名物が「レタス巻」。レタスと大海老をマヨネーズで味を調えて海苔巻にしたそれは、当初は難色を示す客も多かったそうだが、今では宮崎の郷土料理の1つに数えられるほどになった。

出した元祖は宮崎市の「寿司処一平」。昭和41年（1966）に考案されたそうで、由来がなかなかユニークだ。作曲家の平尾昌晃氏が病を患い、医者から「生野菜を食べなさい」と言われたのを受けて、平尾氏と親交のあった初代店主・村岡正二さんと2人で試行錯誤を重ねて生み出したメニューなのだそうだ。

2018年の平昌オリンピック、フィギュアスケート団体で銅メダルに輝いたアメリカチームの長洲未来選手の両親は、ロサンゼルス郊外のアルカディアで寿司店「きよ鈴」を営んでいる。父親の清人さんは創作意欲が旺盛な人で、「ハイタッチロール」や「未来ロール」など次々と新しいメニューを生み出し、地元のアメリカ人に人気を博している。清人さんは娘の初メダルを祝して、すぐに「オリンピックロール」も考案。トビッコやホタテを具材にして海苔は裏巻に。最後はサーモンを表面に巻きつけてバーナーで炙る、というものだ。

〇九九

お決まりセットは店側がベストを尽くした一番高いものを

90年代まではどんな高級店であってもたいていは「お決まりセット」というものがあったし、現在でもたとえばランチセットといった形でそれを注文できる店は多い。この場合、夜のコースが1万5000円以上する店でも、ランチならば5000円前後に価格設定している店が意外にある。もちろん、昼のコースも「夜と同じものを出す」というポリシーで、まったく同じ値段設定にしている店もあるので、事前に確認しておくことが大事なのだが。

こうした「お決まりセット」が、その店が自分に合うか合わないかを判断するのにちょうどいい商品であることは、以前から多くの食通が指摘してきたし、これはある程度なら正しい意見だと言える。

店にとっても新規客の獲得は重要な課題でもあるし、そのためには利益抜きにしたセット（特にランチ）で店の良さを幅広く知ってもらおうという思惑がある。客

としても、店側のネタ選びやネタに対する仕事の具合、寿司としての完成度や店の雰囲気に至るまで、いきなり夜のお任せコースで大枚をはたくよりはるかに安く、気軽に試すことができる、というわけである。

一方で、「ネタの良さは直接に価格に反映される」という事実も忘れてはならない。仕入れ値から換算すると、どんなに安く設定しても「1カン4000円前後に下げるのが精いっぱいの大トロ」なんて高級店ではざらにある話だ。こういう場合、店側はせいぜい1カン2000円という設定にして、赤字分は他のネタで埋め合わせして帳尻を合わせる、という工夫をするものだ。「いいネタ」は単純に「値段も高い」ので、1人前10カン前後のセットに最高級の大トロが含まれるということはめったにないと思ったほうがいい。つまり「お決まりセット」で体験できる味が、「その店の最高の味」である可能性は店ごとに変わるのである。

中には、夜と昼、あるいは「お任せ」と「お決まり」を完全に区別して、ネタも使い分けている店だってある。そうなるとその店の実力を正確に判断することは難しいかもしれない。

いずれにせよ、並、上、特上といった形でセットが用意されていたなら、迷わず一番高いセットを選ぼう。それは限られた予算の中で、店側がベストを尽くして選び抜いたものであり、客としても、もっとも適正に判断できる商品だからだ。

一〇〇

脳みそまで味わえる車海老は茹でたてだけの特権

車海老は江戸前寿司の黎明期からの定番メニューで、茹でたあとに紅白の段だら縞になった姿は見た目も華やかなため、出前の寿司桶にも彩りとして欠かせない存在だった。車海老の稚エビは才巻《さいまき》エビと呼ばれ、天ぷらによく使われる。これが14センチ前後の大きさになるとマキと呼ばれるが、握り寿司で多く使われるのはこのサイズである。昔ながらの江戸前の仕込みは、茹でたあとに甘酢に漬け置きしたものを注文に応じて握った。その際におぼろをかますことで甘味を加え、酸っぱさを中和する役目も果たしていた。

この車海老を生のままで握る「オドリ」が登場したのは関東大震災以降のことだ。今でも刺身信仰の根強さからオドリを喜ぶ客も多いが、加熱することで旨味が増し食感も良くなる車海老、個人的には茹でたてのものを握ってもらうのが好きだ。逆にボタンエビやブドウエビなどはオドリが適しているネタと言えるだろう。

さて、その車海老も80年代ごろには人気のないネタになっていた。これは作り置きして冷えきった状態なうえに、茹ですぎて旨味の抜けたものが、特に低価格の店や初期の回転寿司などで出されていたのが理由の1つだった。やがて茹でたてのものが提供されるようになったことでこうした不名誉は返上され、車海老は再び江戸前寿司の花形に返り咲くことになる。

その立役者の代表格は「すきやばし次郎」の小野二郎さんだろう。ある時、たまたま茹で立てで人肌になったものを食べてみたら茹で置きのものと比べて格段に美味しかったことで、以来、注文ごとに茹でるようにしたのだという。その上で、「すきやばし次郎」ではエビ自体も一般的なマキではなく、22センチ前後にもなる大車海老を使うのだが、その理由は『すきやばし次郎 旬を握る』でこう語られている。

「私に言わせて貰えば、マキでは本当の旨さが味わえないから、私が握るのは大グルマです。そうでないと、独特の香り、濃厚な甘さとコクが楽しめません」

今ではコースの流れに合わせて茹で、そのままでは大き過ぎるので2つに分割して提供。大グルマならではの脳みその味わいとともに同店の名物になっている。

大車海老ではないが、福島の「小判寿司」では脳みそをワサビと混ぜて叩いたものをシャリとネタの間に挟んで握ったものが出た。地域最高を目指す店主、和知慎吾さんのていねいな仕事だ。

一〇一

素人グルメレビューサイトの寿司における使いこなしポイント

おてもと

数年前、ロシア南部にあるキスロヴォツクという町を訪れた。日本語はもちろん、英語すら通じない土地だったが、旅行口コミアプリ「トリップアドバイザー」のおかげで飲食店探しで苦労することはなかった。投稿されていた内容もことごとくロシア語だったが、Ｗｉ－Ｆｉで接続したアプリは日本語でも英語でも表示されるから、ジャンル、予算、営業時間、カード使用の可否、そして店への評価など、およそ必要な情報は手に入れることができた。こうした便利さが、今や世界規模で実現されていることに、とにかく驚いたことを覚えている。

日本人にとっては「食べログ」や「ぐるなび」といったサイトが有名だ。そして寿司店を探す上でもこうしたサイトは至極便利な存在だ。その寿司店を初めて訪れる人にとって、予約の可否、平均予算、営業時間といった基本情報以上に一番気になるのが、「お任せコース」なのか「お好み注文」なのか、それともこの両者から

選択できるのか、ではないかと思う。そして、たとえばお任せコースでも、酒のつまみが何品ぐらい出るのか、握りは何カンぐらい出るのか、コースは握りだけなのか、つまみと握りが交互に出るのか、それとも……といった、来店経験のある人か店の人にしかわからないような事実関係もここで確認できる。

もちろん、これらのことは店に電話して聞けばたいていはわかる事柄ではある。だが、そこまで現実的に検討していなくて、ただ漠然と店を探そうとしている人にとっては、こうしたファクトの数々がデータベースのように共有されていることはありがたい限りなのだと思う。

ただし、だ。これらのサイトに掲載されている内容の中で、投稿者によるレビューは、たとえばお任せで出されたネタの種類や、そこに施された「仕事」の数々といった客観的事実は参考になるが、その先の「評価」に関してはアテにしてはいけない。どんなにカリスマと呼ばれるレビュアーであっても、彼らは飲食産業を語るプロではないし、職業的訓練の土台がない、100%主観的なものだからだ。

それは言ってみれば好みの女性や男性のタイプを語られているようなもので、そんなことは有名人が語ろうが親友が語ろうが関係ない。これぱっかりは自分の価値観や感覚でしか判断できないことを肝に命じておかないと、「美味しいお店で食事をしたい」という本来のシンプルな目的を忘れてしまうことになりかねない。

一〇二

「手綱巻」に「ひよっこ」江戸前伝統の技を味わう

明暦3年（1657）に江戸を襲った明暦の大火後に幕府から移転を命じられるまで、御免色里である吉原は現在の日本橋人形町にあった。猿若勘三郎がのちの中村座を開き、市村座とともに江戸歌舞伎を繁栄させ、人形浄瑠璃や見世物小屋など数々の娯楽施設が集中していたのもこの街だ。明治期には芸者の置屋が集まり、花街としても栄えた。女優として初めて海外公演で成功を収め、ピカソらを夢中にさせた芸者・貞奴も、この葭町芸者の1人だ。

人形町は大戦時の戦災も免れることができたため、昔の面影を色濃く残した街だが、老舗の飲食店も多く、現在もなお昔の味を守って営業中である。

大正12年（1923）創業の「㐂寿司」もそんな店の1つだ。現在の店舗は昭和27年に芸者置屋を改装したもので、その純和風な佇まいは時を忘れて眺めてしまうほどだが、そこで握られる寿司もまた味わい深いものである。

「㐂寿司」の寿司は華屋與兵衛の系譜から続く江戸前寿司伝統の味だが、現在ではほとんどの店でやらなくなった「細工物」と呼ばれる寿司もこの店では受け継いでいて、客の舌だけでなく目も楽しませている。

たとえば、車海老とコハダを交互に巻き込んだ「手綱巻」。色鮮やかな見た目と、ネタと酢飯の間に挟まれたおぼろの甘さが融合するなんとも言えぬ旨さで、押し寿司のようにややシャリから空気を抜いて巻かれるのが特徴でもある。

同じ車海老でも、稚エビである才巻エビを使った「唐子づけ」も珍しい品だ。通常のエビは茹でたときに丸くならないように串を打ってから茹でるが、「唐子づけ」では、ちらし寿司や刺身用として才巻を使用するため、茹でて丸まった状態で使う。それを半分に開くように包丁を入れ、おぼろをかまして握る。

「イカの印籠詰」は刻んだ海苔や干瓢などを柚の香りを加えたシャリに混ぜ合わせたものを、煮て火を通したイカの胴体に詰めたものだ。夏は白イカ、秋冬はヤリイカ、そして春は麦イカと呼ばれるスルメイカの子どもが使われるそうだ。

「ひよっこ」はゆで卵を使ったかわいらしい握りだが、黄身におぼろを混ぜ込んであってデザート代わりにもなる。

江戸前寿司はその姿を時代と流行によって様々に変化させてきたが、「㐂寿司の技」は変化を免れてきた人形町という街で、これからも守られていくだろう。

一〇三

カリフォルニアロールが築いた江戸前寿司世界制覇の礎

巻物なのに海苔が見えず、シャリの表面にはトビッコがちりばめられ、マグロではなくアボカドをメインに、カニやキュウリ、マヨネーズやゴマなどが組み合わされた奇妙奇天烈な寿司。「こんなの寿司じゃないだろう！」それがカリフォルニアロールに初めて接した日本人の平均的な反応である。１９８０年代の話だ。

それから40年が過ぎた現在、日本でもカリフォルニアロールに否定的なことを言う日本人はいなくなったし、これが嚆矢となって西洋の人々が寿司に興味を持つようになったと言っても過言ではない。最近では、本格江戸前寿司を求めて世界じゅうから観光客が日本を訪れているが、本来、生の魚は食べなかった欧米人が寿司に慣れ、新たな段階へとステップアップするための土台を、カリフォルニアロールが築いたことは間違いないのである。

それどころか、回転寿司屋ではおなじみになったエビマヨやツナマヨの軍艦などは、カリフォルニアロールの洗礼がなければ誕生しなかったはずだ。そういった意味では、カリフォルニアロールは寿司の世界というものの扉を海外に開いただけでなく、伝統を守る江戸前寿司の世界に、各時代で生まれた「邪道な寿司」が風穴を開けてきたように、新たな可能性を切り開いた画期的な存在でもある。

アメリカ初の寿司屋誕生は意外に古く、明治39年（1906）にはロサンゼルスのリトルトーキョーで開業している。これは現地在住の日本人に向けたものだったが、昭和37年（1962）になると、ロスの東京會舘に開設されたスシ・バーで、板長の真下一郎さんが職人たちとカリフォルニアロールを考案する。「白人にウケる寿司」をオーナーから求められたのがきっかけだったが、「熟しすぎたアボカドが多量にあまったものをなんとか使えないかと考えたすえ、トロのかわりにアボカドを入れ、マヨネーズ、塩とゴマを入れてノリ巻きにしてオツマミとしたのがはじまり」（『ロスアンジェルスの日本料理店』石毛直道）という事情もあったそうだ。

余った食材を何とかするためという理由が、江戸末期のマグロの時と同じなのが面白い。元祖は普通に海苔を巻いたが、一般に普及したのは裏巻にしたものだ。まるでカーボンコピー紙のような海苔を欧米人が気味悪がって、剝がしているのを見た職人が思いついた文字通りの「裏ワザ」だが、「必要は発明の母」の見本市のような事例である。

一〇四

予約「困難」店を予約「不可能」店にする理不尽な客と世界的人気

雑誌などのメディアで飲食店が紹介される際、「予約困難な店」という表現はその店の人気の高さを表す常套句になっているが、最近では「予約が不可能な店」なんてものまで出てきた。なぜ不可能なのかというと、店側が予約を紹介制にしたために、新規客は予約ができなくなってしまったケースが多い。もちろん店側も喜んでそうしているわけではなく、いわば苦渋の決断としてなのだが、そこに至る背景にはたいていの場合、一部の理不尽な客の存在がある。中でも深刻な問題が彼らによるドタキャンなのである。

こうした店は多くは高級店になるが、高い値段設定をしているだけに、そこで供されるものには何から何まで細心の注意と気配りがなされている。すべてのネタを最高の状態で客に出すには、シャリやネタの仕込みもすべて同じタイミングで客の前に出せるように時間を逆算してスタートする。だから客側の食事のスタート時間

でさえ、第1部、第2部といった形で設定されたりもする。たとえ来店時間を店側が指定していなくても、多くの高級店ではこうした姿勢で客をもてなそうとするのだが、これがドタキャンされてしまうとすべてが無駄になってしまう。しかもそれが団体客となると店の死活問題にもなるのだ。

こういったケースは日本の食文化事情などに疎い外国人ツアー客の場合が多いと言われているが、日本人でもこうした理不尽なドタキャンをする人は少なくない。「金を払うのは客のほうなんだから何をしようと構わないはずだ」という身勝手な思い込みから高飛車な態度で店に迷惑をかける輩が一定数いたのだ。そうなると、「申し訳ありませんが、一見のお客さんはご遠慮いただいてなじみのお客さんの紹介だけに限定させていただきたい」と店側が決断せざるを得ないのも仕方がない。

もう1つ、予約が「ほぼ不可能」になる場合も。それは富裕層向けのサービスによって事前に席が埋まってしまうケースがあるからだ。たとえば中国には、「すきやばし次郎」や「鮨さいとう」といった超予約困難店の予約を、1人につき3万円で請け負う会社があるのだそうだ。そこがカード会社や高級ホテルと提携して予約が可能になっているのかどうかは知らないが、この場合は世界的に知名度が上がったことが原因である。いずれにせよ、店側にはなんの落ち度もないので、こればかりは仕方のないことだと思う。

一〇五

築地から豊洲へ。場内寿司の愉しみは高級店だけじゃない

築地中央卸売市場が「TSUKIJI」として世界的ブランドになって久しい。ここ数年は世界じゅうから観光客が訪れ、場内の飲食店が連なる「魚がし横丁」はツアーのコースにまで組み込まれていた。

場内の飲食店は、本来は夜中から働く市場関係者が朝食や昼食をとるためのものだったが、一般人でも自由に出入りができる場所にあったため、いつの間にか知る人ぞ知るグルメスポットとして脚光を浴びるようになっていった。

現在は市場自体が豊洲に移転したため、いわゆる「場内」の飲食店も軒並み移転していった。魚河岸の食堂なだけに、当然ながら多くの寿司屋、海鮮丼屋、定食屋が並ぶが、ほかにも、とんかつや天ぷら、カレーにイタリアン、中華など、ジャンルは多岐にわたっている。築地に1号店があった牛丼「吉野家」もある。個人的には「小田保《おだやす》」のカツカレーが好物でよく通うのだが、多くの人はやはり寿司が目当

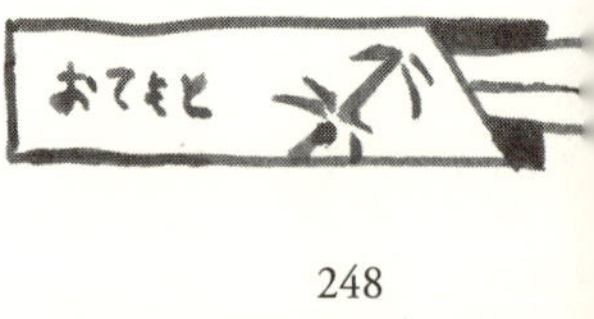

てで、約9割といわれる外国人観光客も寿司屋や海鮮丼の店に列を作っている。

豊洲に移転した寿司屋に限って話を進めると、どの店にもセットメニューが用意されている。「店長おすすめセット」とか「上」「特上」とか「松」とか、いろいろある。その中でも最高クラスのものはおおよそ4000円前後の価格設定になっていて、握りの数やネタの種類によって値段も下がっていく。もちろん、お好みでも注文できるが、慣れていないとか、自信がないのであれば迷わずセットを選んだほうがいい。それも一番高いセットだ。

一番高いといっても前述したようにせいぜい4000円前後だ。これと同じクオリティのものを銀座で食べれば倍の値段はする。そして一番高いセットならば、その店の最高のネタが揃うので、店の実力を知るには最適なのである。わざわざ市場まで足を運んだのに、1000円程度をケチって中程度のセットにしてもベストのものを味わったことにはならないので後悔することになるはずだ。

店によっては名物とされる握りがある。「おかめ」ならばマグロ、「岩佐寿し」なら貝類、「龍寿司」や「鮨文」なら穴子、「つきぢ神楽寿司」ならノドグロやクエなどの珍しいネタと赤シャリ、といった具合である。セットを注文する前には、こうした名物が入っているかどうかを確認するといい。個人的にはトータルバランスとネタ揃えの良さから「晶」をお勧めする。

一〇六

変わり種寿司の今昔
ローストビーフ、キャビアの軍艦

握り寿司の基本構造は「シャリの上にネタをのせて握る」という単純なもの。だから、「こんなものを握ってみたらどうだろうか」という発想が出てくるのは当然のことで、握り寿司の世界ではその誕生以来、実にさまざまなものが握られてきた。そして「変わり種」ゆえ、まずは「邪道だ」と非難にさらされた。その後、生き残って定番となったものもあれば、消え去っていったものもある。定番化したものなら、マグロを筆頭に、生のイカ、生のエビ、ウニ、イクラなどが代表例だろう。最近ではサーモンが、高級店では、トキシラズやマスノスケなどが人気だ。

明治41年（1908）発行の『婦人世界臨時増刊　食物かがみ』では、「與兵衛ずし」主人・小泉與兵衛が、「ハイカラ鮓」というものを紹介している。

「ハイカラ鮓といいますと、少し名は変ですが、ハムとかコールビーフとかを細引いて、鮓の中へ巻き込んだので、可なり味の好いものです」

コールビーフとは現代で言うところのローストビーフのことだ。20世紀初頭の段階ですでに「肉の寿司」が登場しており、意地でもマグロを扱おうとしていなかった老舗の「與兵衛ずし」が自ら勧めているのが面白いところだ。

イクラのルーツがロシアの「魚卵の塩漬け」なので、同じ理屈で作られたイクラがOKならキャビアも美味いだろう、と考えるのは自然だ。実際、浅草の「鮨 松波」では「キャビアの軍艦」が定番メニューとなっていた時もある。

「番町の『すし匠さわ』で最初にやっていたときには、バブル期ということもあって、実にいろいろな料理を手がけてました。座敷があったので、カニ料理や鍋もやりましたし、牛も、鳥も出しました。ささみの握り、霜降り牛をショウガとニンニクで握るという定番も作りました」(『鮨屋の人間力』中澤圭二)

現在、「すし匠ワイキキ」でハワイの食材で寿司を握る中澤さんも、そのキャリアの初期から「変わり種」を試した経験が役立っているのかもしれない。

ところ変われればネタも変わる。だから、地方へ行けば寿司ネタも必然的に東京とは異なるものになるし、海外ならなおさらだ。問題はその土地ごとの産物をどのように寿司として美味しいものに仕上げていくか、ということになる。逆に言えば、「変わり種」を否定してしまったら、実は寿司そのものの未来をも否定することになってしまうのである。そのことを我々は忘れないでおくべきだろう。

一〇七

刺身をのせたご飯!? わかっていそうで無知な日本人

口の悪い人や、寿司に興味のない人に言わせると、握り寿司とは、「ご飯の上に刺身がのっているだけ」なのかもしれない。過去には日本でさえ実際にこの「刺身のせご飯」（酢飯ですらない）を寿司として販売していた店もあったし、海外ではこうした例が現在でも数えきれないほど存在する。

そのため、「寿司を握る」という行為を「自分でもできるかんたんな仕事」と思い込む人も多い。これは海外での例だが、寿司職人を育てる学校にも「数日間で教えてほしい」といった無茶な相談もよくあるのだという。

しかし、日本の文化の多くが、一見シンプルな中に数多くの匠の技が施され、ミニマリズム的美意識によって成り立っていることは、世界じゅうが認めるところであり、その精神は和食、そして江戸前寿司にも通じているのである。

酢締め、昆布締め、醤油漬けといった下ごしらえや、隠し包丁によって煮切り醤

油の絡みをよくするだけでなく、シャリと合わせた時の歯ごたえをもコントロールする包丁さばき。シャリも、米の選定、酢の配合、炊き方へのこだわり、温度の保ち方、などなど細心の注意がはらわれている。

本場の江戸前寿司のこうした実像は、ドキュメンタリー映画等の情報発信により、世界の人々に対する寿司への認識を少しずつ変化させている。２００２年刊行の『寿司、プリーズ！』の著者・加藤裕子さんは、海外での寿司の現状を伝える中で、日本を訪れたスシ・アカデミーの卒業生の証言を紹介している。

「築地では『すごい！すごい！』と興奮しながら、ずっと写真を撮っていたよ。規模といい魚の鮮度といい、アメリカと全然違うんだもの。寿司屋も、アメリカよりずっと魚がフレッシュで、なんというか、とにかくすべてがアメリカとレベルが違うんだ」

食材は加熱して使うことが前提だった海外の人々にとって、市場における「魚の鮮度を保つ工夫」は日本の市場に比べれば最低限のものでしかなかった。ましてや刺身として使う場合と、寿司ネタとして使う場合で処置の施し方が違うことなど、外国人には思いもよらない次元の話だ。それだけに寿司に目覚めた外国人の「寿司に対する姿勢」は真剣そのもので、逆に日本人のほうが幼少期から寿司に親しんでいるぶん、「わかったつもりで無知な人」が意外に多かったりするのである。

一〇八

「邪道か否か」から「多様性」へ 寿司文化は「熟成」の時代へ

江戸前寿司は、酢締めを筆頭に昆布締め、醤油漬けといった保存用の「生活の知恵」的なものから、保冷技術の発展に伴い「ネタの新鮮さ」を売りにしたものへと変化していった。その変化の幅は、そのまま寿司というジャンルにおける職人側の「選択肢の幅」にもなった。「江戸前の技法でネタに仕事を施す」のか、「可能な限り新鮮なネタを酢飯に合わせる」のか、といった具合だ。

そんな状況に一石を投じる形で、「熟成」という技術が注目されている。ネタの腐敗速度を計算しながら、旨味が引き出される最適の食べ頃に客に出すというものだ。「話のネタ」としては今、もっとも新鮮かもしれないが、無論、賛否はある。

寿司ネタの食べ頃を見計らうために数日間「寝かせる」ということは普通にあった話だが、「熟成寿司」の場合は、熟成させる期間が数週間だったり、2、3か月のネタもある。当然、周囲は食べられる状態ではなくなり、そうした部分をそぎ取って食べられる部分だけを使うわけだが、それを贅沢と思うか、無駄に思うかでも意見は分かれるところだ。

味に関しては単純な話で、まずければ商売にはならないのでこの点は問題ないだろう。だから結局は毎度のように「邪道か否か」という議論になるのだと思う。ハイカラ寿司のように消え去ることもあり得るし、軍艦のように定着する可能性だってある。それは時代が決めていくことだろう。

握り寿司誕生から200年。これを「まだ200年」と考えるか「もう200年」と考えるかでも違いは出る。個人的感覚では「まだ」だ。今、ようやく世界が真剣に日本の「寿司」というものに向き合おうとしている。全国の寿司屋に観光客が訪れ、寿司職人になるための修業を志す外国人の数はかつてないほどの多さだ。長期にわたる職人の修業を嫌う日本の若者は多くなっているが、世界規模で考えると、そんな努力をなんとも思わない若者は数え切れないほど存在する。

だからもし、日本の寿司業界が「寿司文化の後継者」を探すのに悩んでいるのであれば、世界に目を向けるべきだろう。そして今後は、世界の料理のノウハウと江戸前寿司の技法とが少しずつ融合していくはずだ。

そう考えると、寿司文化の「熟成」はようやく始まろうとしており、その未来は「邪道」などとは言っていられない、「多様性」の時代だと思うのである。

参考文献

『徒然草』兼好法師
『藤岡屋日記』須藤由蔵
『嬉遊笑覧』喜多村信節
『江戸新道』山口素堂
『守貞謾稿』喜田川守貞
『金儲花盛場』十返舎一九
『松前産物大概鑑』村山伝兵衛
『航薇日記』成島柳北
『本朝食鑑』人見必大
『近世商賈尽狂歌合』石塚豊芥子
『雪之丞変化』三上於菟吉（大衆文学館）
『珍らしいお鮨の拵へ方―二百種』服部茂一（服部式茶菓割烹講習会出版部）
『塵塚談・俗事百工起源』小川顕道、宮川政運（現代思潮社）
『狂言綺語』式亭三馬／著、立川焉馬／編
『天保改革鬼譚』石井研堂（春陽堂）
『南洲手抄言志録解詁』馬場禄郎／編（一指園）

『神田鶴八鮨ばなし』師岡幸夫（草思社）
『神田鶴八 ちょっと小粋な鮨ばなし』師岡幸夫（草思社）
『浅草寿司屋ばなし―弁天山美家古』内田栄一（筑摩書房）
『これが江戸前寿司―弁天山美家古』内田正（筑摩書房）
『魯山人の料理王国』北大路魯山人（文化出版局）
『江戸鮓ものがたり』須藤芳雄（作品社）

『江戸前の鮨』内田榮一（晶文社）
『江戸たべもの歳時記』浜田義一郎（中央公論新社）
『娯楽の江戸 江戸の食生活』三田村鳶魚（中央公論社）
『江戸の庶民が拓いた食文化』渡邉信一郎（三樹書房）
『図説 江戸時代食生活事典』日本風俗史学会／編（雄山閣出版）
『現代語訳「蕎麦全書」伝』日新舎友蕎子／著、新島繁／校注、藤村和夫／訳解（ハート出版）
『すし 天ぷら 蕎麦 うなぎ―江戸四大名物食の誕生』飯野亮一（筑摩書房）
『アスファルトの下の江戸―住まいと暮らし』寺島孝一（吉川弘文館）
『西郷隆盛の実像―勝海舟・板垣退助ら生き証人50人が語る』下竹原弘志／編（指宿白水館）
『明治東京逸聞史』森銑三（平凡社）
『東京名物 食べある記』時事新報社家庭部／編（正和堂書房）
『東京名物志』（公益社）
『大東京繁昌記 山手篇』東京日日新聞社／編（春秋社）
『大東京繁昌記 下町篇』東京日日新聞社／編（春秋社）
『古渓随筆』波多野承五郎（実業之日本社）
『梟の目―第二古渓随筆』波多野承五郎（実業之日本社）
『食味の真髄を探る』波多野承五郎（新人物往来社）
『食物かがみ（婦人世界臨時増刊）』（実業之日本社）
『続・浪華夜ばなし―大阪文化の足あと』篠崎昌美（朝日新聞社）
『食べもの屋の昭和―30店の証言で甦る飲食店小史』岩崎信也（柴田書店）
『すしの思い出』杉山宗吉（養徳社）
『すし通』永瀬牙之輔（土曜社）
『すしの美味しい話』中山幹（中央公論新社）
『美味しく手際に出来るお鮓の作り方』小泉迂外（実業之日本社）

『家庭 鮓のつけかた』小泉清三郎（大倉書店）
『かべす』左本政治（六芸書房）
『日本食生活史年表』西東秋男（楽游書房）
『改訂食品事典〈1〉こくもつ』河野友美／編（真珠書院）
『改訂食品事典〈11〉料理用語』河野友美／編（真珠書院）
『料理用語・基本技術事典』岡崎整一郎、安永幸生（第一出版）
『総合食品事典』桜井芳人／編（同文書院）
『日本料理（栄養と料理叢書）』田村平治（女子栄養大学出版部）
『日本の味名著選集 第2巻 鮨』宮尾しげを（東京書房社）
『文学とすし―名作を彩った鮨ばなし』大柴晏清（栄光出版社）
『人間失格』太宰治（筑摩書房）
『小僧の神様』志賀直哉
『鮨新聞への返事』志賀直哉
『顎十郎捕物帳』久生十蘭（岩谷書店）
『男の作法』池波正太郎（新潮社）
『食卓の情景』池波正太郎（朝日新聞社）
『江戸前 通の歳時記』池波正太郎（集英社）
『鮨』岡本かの子
『江戸のあじ東京の味』加太こうじ（立風書房）
『食通知つたかぶり』丸谷才一（文藝春秋）
『続々 パイプのけむり』團伊玖磨（朝日新聞社出版局）
『鮨 そのほか』阿川弘之（新潮社）
『マンボウ酔族館』北杜夫（実業之日本社）
『味覚極楽』子母澤寛（中央公論新社）
『大江戸美味草紙』杉浦日向子（新潮社）
『寿司問答』嵐山光三郎（プレジデント社）

『とっておきの銀座』嵐山光三郎（新講社）
『行くぞ！冷麺探検隊』東海林さだお（文藝春秋）
『女たちよ！』伊丹十三（新潮社）
『賢者の食欲』里見真三（文藝春秋）
『女ひとり寿司』湯山玲子（幻冬舎）
『銀座のすし』山田五郎（文藝春秋）

『すきやばし次郎 鮨を語る』宇佐美伸（文藝春秋）
『すきやばし次郎 旬を握る』里見真三（文藝春秋）
『すきやばし次郎―生涯一鮨職人』小野二郎（プレジデント社）
『至福のすし―「すきやばし次郎」の職人芸術』山本益博（新潮社）
『鮨 すきやばし次郎―JIRO GASTRONOMY』小野二郎、小野禎一／著、山本益博／監修（小学館）
『巨匠の技と心 江戸前の流儀』小野二郎、金本兼次郎、早乙女哲哉、小松正之（ＫＡＤＯＫＡＷＡ／中経出版）
『江戸前ずしの悦楽―「次郎よこはま店」の十二カ月』早川光（晶文社出版）
『銀座久兵衛 こだわりの流儀』今田洋輔（ＰＨＰ研究所）
『おけいすし 江戸前にこだわる「寿司屋ばなし」』鈴木正志（講談社）
『ひかない魚―消えてしまった「きよ田」の鮨』新津武昭、伊達宮豊（求龍堂）
『魚味礼讃』関谷文吉（中央公論社）
『人生っちゃ、こういうものよ』野池幸三（ワニブックス）
『旅する江戸前鮨―「すし匠」中澤圭二の挑戦』一志治夫（文藝春秋）
『握りの真髄―江戸前寿司の三職人が語る』文藝春秋／編（文藝春秋）
『鮨屋の人間力』中澤圭二（文藝春秋）
『鮨を極める』早瀬圭一（講談社）
『こころで握る―鮨處寛八半生記』山田博（メタ・ブレーン）
『江戸前寿司への招待―寿司屋のかみさん、いきのいい話』佐川芳枝（ＰＨＰ研究所）
『江戸前にぎりこだわり日記―鮨職人の系譜』川路明（朝日出版社）

『聞き書き 築地で働く男たち』小山田和明（平凡社）
『鮨12ヶ月』石丸久尊、杉本伸子、野中昭夫、早瀬圭一（新潮社）
『江戸前ずしに生きる―浅草、繁盛店の江戸前ずし覚書』間根山貞雄（旭屋出版）
『進化するすし 進化するすし技術―人気店の最新すしとすし料理大集合』（旭屋出版）
『亡き人のこと―六代目菊五郎の思ひ出』寺島千代（演劇出版社）

『すし屋の常識・非常識』重金敦之（朝日新聞出版）
『鮨の作法がまるごとわかる本』日比野光敏、山本益博（晋遊舎）
『大人の作法』山本益博（ベストセラーズ）
『鮨のわかる本―すし屋で楽しむ101の秘訣』大前錦次郎（広済堂）

『すしの本』篠田統（柴田書店）
『すし手帳』坂本一男（東京書籍）
『鮓・鮨・すし―すしの事典』吉野曻雄（旭屋出版）
『すしの歴史を訪ねる』日比野光敏（岩波書店）
『江戸前「握り」―東京・世田谷「あら輝」のつけ場』荒木水都弘、浅妻千映子（光文社）
『日本一江戸前鮨がわかる本』早川光（ぴあ）
『いい街すし紀行』里見真三／著、飯窪敏彦／写真（文藝春秋）
『失われゆく鮨をもとめて』一志治夫（新潮社）
『わが道わが味 食べもの屋に生涯を捧げた男たち』池田宗章（柴田書店）

『すしの貌―時代が求めた味の革命（日本を知る）』日比野光敏（大巧社）
『現代すし学 Sushiology―すしの歴史と、すしの今がわかる』大川智彦（旭屋出版）
『日本人が知らない世界のすし』福江誠（日本経済新聞出版社）
『ロスアンジェルスの日本料理店―その文化人類学的研究』石毛直道、小山修三、山口昌伴、栄久庵祥二（ドメス出版）
『フランス料理の歴史』ジャン＝ピエール・プーラン、エドモン・ネランク／著、山内秀文／訳（ＫＡＤＯＫＡＷＡ）
『スシエコノミー』サーシャ・アイゼンバーグ／著、小川敏子／訳（日本経済新聞出版社）

『ビッグデータまで活用 回転寿司 止まらぬ進化』須賀彩子（ダイヤモンド社）
『回転寿司の経済学―「勝ち組」外食産業の秘密』渡辺米英（ベストセラーズ）
『回転寿司「激安」のウラ』吾妻博勝（宝島社）
『寿司、プリーズ！―アメリカ人寿司を喰う』加藤裕子（集英社）

『北海道寿鮨調理師会 参拾年史』北海道寿鮨調理師会／編
『三長会創立80周年記念「鮨の友」特別号』（株式会社三長会鮨調理士紹介所）
『MATAZAEMON 七人の又左衛門［新訂版］』ミツカングループ創業二〇〇周年記念誌編纂委員会／編
『木の名の由来』深津正、小林義雄／著、日本林業技術協会／編（太平社）
『料理の友』大正4年10月号～12月号 樫田十次郎（大日本料理研究會）
『サンデー毎日』昭和16年の記事「壽司、鮓、鮨」樫田十次郎（毎日新聞社）
『すしの雑誌〈第6集〉』（旭屋出版）
『季刊 饗宴 第5号 冬1981』（婦人生活社）

『増補 江戸前鮨 仕入覚え書き』長山一夫（アシェット婦人画報社）
『続 江戸前鮨 仕入覚え書き』長山一夫（ハースト婦人画報社）
『OYSYすし』おいしい探検隊／編（柴田書店）
『料理文献解題』川上行藏／編（柴田書店）
『ワイド版 築地魚河岸寿司ダネ図鑑』福地享子（世界文化社）
『新・読む 食辞苑―日本料理ことば尽くし』小林弘、中山篤（ごきげんビジネス出版）

『東京・味のグランプリ200』山本益博（講談社）
『最高の江戸前寿司を召し上がれ』東京ガス㈱都市生活研究所／編（生活情報センター）
『何度でも足を運びたくなるいい店好きな店―蕎麦・鮨・鰻・天ぷら・酒』サライ／編（小学館）
『東京すし通読本』東京生活編集部／編（枻出版社）
『寿司のこころ』（枻出版社）

謝辞

よき友、リック・フルーレンとニンカ・フルーレン夫妻、およびその愛娘アンバーに感謝したい。君たちの寿司に対する情熱に刺激を受けたことが、この本の誕生へとつながった。

また、映画関連の著作しかなかった僕の「寿司の本を書いてみたい」という唐突なアイデアを真剣に受け止めて、プロデュース&編集してくださった、著述家・編集者の石黒謙吾さん、および、文藝春秋の瀬尾泰信さんにも感謝を述べたい。

そして僕の幼稚な疑問に真剣に答えてくださった全国の寿司職人の方々、本文中に名を挙げさせていただいた方々以外にも、数多くの職人さんたちにお話を伺った。そのすべての職人さんに、尊敬とともに厚く感謝の意を表したい。

２０１９年　春　河原一久

［取材協力／写真協力］
二葉鮨……………………小西亜紀夫さん
寿司勇……………………島崎大輔さん
晶…………………………廣田亮平さん／小野岡有詞さん／宮永昇さん
𠮷寿司……………………油井一浩さん／油井厚二さん／山岸利光さん
つきぢ神楽寿司……渡邉重行さん
笹巻けぬきすし総本店
中央市場 ゑんどう寿司
活魚すし・季節料理 じねん
㈱三長会鮨調理士紹介所
マルハニチロ㈱

河原一久（かわはら・かずひさ）

映像ディレクター・映画評論家
1965年神奈川県生まれ。

1991年より、テレビの情報番組で様々な話題を取材し続ける。

海外の友人の接待をきっかけに、寿司について考察を深め、有名寿司店を食べ歩くようになる。そのエピソードの面白さに魅せられ、資料調べとともに、寿司職人にも話を聞き歩きしている。

過去、執筆活動は映画「スター・ウォーズ」中心だったが、幅広い見識をベースに多方面での執筆に向かい、本書がその第一弾。

日本における「スター・ウォーズ」研究の第一人者として、「スター・ウォーズ　エピソード1～6」の字幕監修を手がける。関連の著書も、『スター・ウォーズ・レジェンド』（扶桑社）、『スター・ウォーズ快適副読本』（双葉社）、『スター・ウォーズ論』（NHK出版）など多数。日本ペンクラブ会員。

また、作家・作詞家のなかにし礼氏の著書『生きる力』、『闘う力』（ともに講談社）、『がんに生きる』（小学館）の構成にも参加。

文・写真……………………………河原一久
企画・プロデュース・編集……石黒謙吾
装　画………………………………はらぺこめがね
装　丁………………………………番洋樹
本文デザイン・DTP……………鈴木知哉
編　集………………………………瀬尾泰信

読《よ》む寿司《すし》 オイシイ話《はなし》108ネタ

2019年4月20日　第1刷

著　者　河原一久《かわはらかずひさ》
発行者　鳥山靖
発行所　株式会社　文藝春秋
〒102-8008　東京都千代田区紀尾井町3-23
電話 03-3265-1211
印　刷　光邦
製　本　大口製本

ISBN978-4-16-391015-4
Printed in Japan